# 带着婚誓浪漫到老

苍穹　编著

中国社会出版社
国家一级出版社★全国百佳图书出版单位

**图书在版编目（CIP）数据**

带着婚誓浪漫到老／苍穹编著．—北京：中国社会出版社，2013.11

ISBN 978－7－5087－4571－8

Ⅰ.①带…　Ⅱ.①苍…　Ⅲ.①婚姻—通俗读物

Ⅳ.①C913.13－49

中国版本图书馆 CIP 数据核字（2013）第 242775 号

---

**书　　名：** 带着婚誓浪漫到老

**编 著 者：** 苍　穹

**责任编辑：** 魏光洁

---

**出版发行：** 中国社会出版社　**邮政编码：** 100032

**通联方法：** 北京市西城区二龙路甲 33 号新龙大厦

电　话：编辑部：（010）66026807　（010）66061723

邮购部：（010）66081078

销售部：（010）66080300　（010）66085300

（010）66083600

传　真：（010）66051713　（010）66080880

**网　　址：** www.shcbs.com.cn

**经　　销：** 各地新华书店

---

**印刷装订：** 中国电影出版社印刷厂

**开　　本：** 145mm×210mm　1/32

**印　　张：** 8.5

**字　　数：** 180 千字

**版　　次：** 2013 年 11 月第 1 版

**印　　次：** 2013 年 11 月第 1 次印刷

**定　　价：** 28.00 元

# 序

## 婚姻：舞动的旋律

关于婚姻，人们最爱说：婚姻如鞋，合不合脚只有自己知道。听上去，总是让人觉得有点儿削足适履的悲怆。其实，世界上本没有买来穿上就合脚的鞋子，新买的鞋，尺寸再合适，还是要和脚有个磨合适应的过程，不经过几番磨合，总是或多或少地感觉有那么一点点不舒服。

婚姻应该是有灵性的，不应该是一双呆板的鞋子，也不能是这样。我觉得婚姻应该如舞，如恰恰舞，“慢，慢，快快，慢”、“踏，踏，恰恰恰”，活泼、热烈，又不失柔美。当然要想跳出欢快的舞步，关键要看跳舞的人。

当你和他（她）走进民政局，郑重地签上你们的名字，随着工作人员手中的印章重重落下之时，就意味着你们已经携手步入舞池，开始一段伴随你们一生的舞蹈，沉醉在欣喜、激动、幸福之中，即使偶尔不合拍，踩到对方的脚，也会嫣然一笑。

你们快乐地跳着、舞着，随着时间的流逝，幸福的感觉渐渐地褪去，取而代之的是脚趾被踩的疼痛。“你怎么搞的？怎么总踩我的脚？”“为什么怪我？是你的节奏不对吗？”“以前我也这样跳的，你怎么不说？”“以前，我迁就你。我不能迁就你一辈子吧？”于是，快慢结合的恰恰舞变成了只有快步，没有慢步，舞步错乱不堪。

“你踩我，我也踩你！”“你使劲儿，我也使劲儿！”脚趾越踩越痛，终于有一个人忍受不了，开始放慢脚步，放轻动作，重新寻找节奏，另一方也随之作出让步。两人慢慢摸索着前进，渐渐地，两人的步子协调了，不会经常踩到对方脚趾了，舞蹈越跳越协调，越跳越优美。

一支永远跳不完的舞蹈，一个永远不能更换的舞伴，岂能让人不乏味？于是，有人开始心猿意马，窥探别人的舞伴，怎么看怎么觉得赏心悦目，徘徊在背叛的边缘。签了契约的舞伴要另觅知音，岂能任凭他（她）为所欲为？与其用力踩他（她）的脚，不如来一个糖衣炮弹，一个优美的转身，一个华丽的舞步，一个含情脉脉的眼神，舞伴乖乖地迷途知返，心无旁骛。

斗转星移，时光流逝，终于有一天，我们成了终极的舞者，动作协调、配合默契，快慢律动恰到好处，因为我们像比翼鸟、连理枝一样，早已经把对方融进自己的身体里、灵魂里。

婚姻如舞，如恰恰舞，轻快又优雅、热烈又俏皮，快慢结合，这才是有滋有味的生活。

婚姻如舞，如恰恰舞，精彩之处不在于跳得有多好，而在于跳舞人心灵上默契与和谐。

婚姻如舞，如恰恰舞，没有主角和配角，彼此都是领舞者，彼此又都是被支配者，这就是爱的真谛：平等与尊重。

当然，一个优秀的舞者，不仅自身技术要过硬，更应该精通心理学，能够承担起一个领舞者的角色，懂得如何带领舞伴，跳出美感，跳出幸福，跳出欢乐！

本书是一本夫妻必读的婚姻心理学书籍，其中没有长篇大论的教育理念，只有熟悉的场景、画龙点睛的提示，读过之后，让您感同身受，在轻松、愉快的氛围中，巧解婚姻难题。

# 目录

## 第一章　闭月羞花期：你在我的眼里是最美



## 第二章　梦醒时分期：你说你爱了不该爱的人

## 第三章 磨合保养期：相爱总是简单，相处太难

## 第四章 惊涛骇浪期：后来，我总算学会了如何去爱

## 第五章　云卷云舒期：我能想到最浪漫的事，就是和你一起慢慢变老

## 【第一章】

# ·闭月羞花期：你在我的眼里是最美·

二十多岁的时候，迫不及待地挥手与老朋友告别，朋友们瞪大眼睛，做惊讶状：不是真的吧？我郑重地高调宣布：我要结婚了！快乐得像是童话里的王子和公主。

# 蜜月如酒心糖，甜到心里，醉在梦里

当你披上洁白的婚纱，走向红地毯的另一端，与你朝思暮想的心上人手挽手走进神秘的婚礼殿堂时，你是否想到你们的婚后生活也许并不像歌中唱的那样浪漫，并不像亲朋好友祝福的那样幸福，抑或你眼中的他（她）并不像穿上结婚礼服那样潇洒、漂亮……

黄娜从一个打工妹摇身一变成为贵妇人，让身边的姐妹羡慕不已，都说黄娜命好，遇到一个"钻石王老五"。看着姐妹们羡慕的眼神，听着她们啧啧的称赞，黄娜的心里别提有多高兴了，梦里都会笑出声来。

黄娜的老公罗伟是一家药品公司的总经理，黄娜大学毕业后，只身一人来北京打拼，在一次求职中，认识了罗伟，并成为这家公司的一名秘书。黄娜对这位年纪轻轻的总经理仰慕不已，罗伟只比自己大五岁，却拥有一家价值千万的药品公司，可谓是年轻有为，自然对他多了几分关注。而罗伟虽已 30 岁了，但还没有成家，眼皮底下就有这么一位漂亮、温柔的女孩儿，自然也对黄娜多了几分好感。

那是一个周五的傍晚，快下班的时候，罗伟走到黄娜的身边，“黄小姐，我想请你吃个便饭，可以吗？”黄娜的心扑通扑通地直跳，说话都有些语无伦次，“好，好的，我有时间。”罗伟开着车把黄娜带到了一家豪华的西餐厅，黄娜从来没来过这么豪华的地方，眼睛都看花了。在罗伟的带领下，他们俩进了一个包间。

黄娜永远不会忘记房门打开的那一瞬间：悠扬的小提琴声缓缓响起，一大束娇艳欲滴的玫瑰映入眼帘，“黄娜，我喜欢你，做我的女朋友吧？”罗伟深情地望着黄娜，让她有一种眩晕的感觉，这幸福来得太突然了吧，虽然自己喜欢罗伟，可是，不会这么快吧？黄娜记不得自己是怎样回答罗伟的，只记得一整晚都飘飘忽忽地，像做梦一般。

自从黄娜和罗伟恋爱后，罗伟总是时不时地给她带来一些惊喜，“亲爱的，这是送你的笔记本，这样下班后我们就可以视频聊天了，不用再辛苦地打字。”“亲爱的，这是我托朋友从法国捎来的香水。”“亲爱的，这个钻石手链是送你的生日礼物，生日快乐！”……罗伟送的礼物是越来越贵重，黄娜的心里是越来越甜蜜。

半年后，罗伟向黄娜求婚了。一天早晨，黄娜像往常一样上班，还没走到公司的门口，就远远地看见很多同事站在那里，就在黄娜正感到纳闷的时候，同事们每人拿出一朵玫瑰花，高呼：“嫁给罗总吧！”随即人群中闪出一个人，手拿一大束火红的玫瑰，玫瑰花中顶着一颗亮晶晶的钻戒，缓缓地走到她的面前，单膝跪地，“黄娜小姐，嫁给我吧！我会一生一世地爱你！”黄娜喜极而泣。

婚后，黄娜和罗伟两人去了马尔代夫度蜜月，如今虽然已经结婚半年了，可黄娜的心还如酒心糖一般，甜甜的，醉醉的……

**真正的幸福不是物质的拥有，而是一种心境：平和、快乐、踏实。**

相信很多女孩儿都会羡慕黄娜找了一个“钻石王老五”做丈夫，生活富裕，吃穿不愁，还不乏浪漫，能时不时地收到爱人送的价值不菲的礼物。这是多少女孩儿梦寐以求的幸福婚姻啊！的确，每个女孩儿都梦想灰姑娘的奇迹在自己身上上演，但这毕竟是童话故事，王子与公主幸福地生活在一起，只不过是人们对幸福生活的向往而已。

如果仅从物质层面上来看，黄娜确实很幸福，但这并不代表着她的婚姻就一定幸福，因为太多物质的甜蜜背后往往会存在隐患，而这个隐患就好比是多米诺骨牌，一块倒下就会产生连锁反应，使婚姻的甜蜜与幸福在瞬间瓦解。

在这个故事中，会让我隐隐地觉得罗伟是通过送黄娜礼物，才达到与黄娜厮守的目的，而这又恰恰满足了黄娜的虚荣心。他们走进婚姻，多少含有这些不太纯洁的情愫，所以，这样的婚姻存在着一定的危险系数。

随着时间的推移和激情的退却，喜欢物质的女人往往会像蛇吞象一般热衷于索取，而新鲜感逐渐消失的男人会越来越反感女人的这一嗜好。“你当初嫁给我，就是看上了我的钱吧？”这是很多钻石级的男人在婚后常会有的一种疑惑和担心。

那么，什么是真正幸福的婚姻呢？真正幸福的婚姻不仅需要一定的物质作为基础，更需要彼此情感上的慰藉，只有这样婚姻才能牢固，贫贱不移，否则，很容易昙花一现。如果你也刚结婚，和黄娜一样，正在被爱人的幸福包围着，甜在心里，醉在梦里，不妨问问自己，“你甜蜜在哪里？”是老公显赫的地位、物质的富有，还是你们彼此的心心相印？

缺乏品位的甜蜜是存在隐患的。可能很多人会觉得这是危言耸听，抑或说是吃不到葡萄说葡萄酸。其实不然，在我们身边“闪婚”、“闪离”的现象并不少见。之所以会出现这种情况，冲动的选择只是一方面，更多的是婚姻中缺乏品位。在这个物欲横流的社会里，当房子、金钱绑架了婚姻，婚姻会变得比我们想象的脆弱。

真正的幸福不是物质的拥有，而是一种心境：平和、快乐、踏实。所以，初入婚姻的人应该居安思危、未雨绸缪，既能享受现在温馨、浪漫的甜蜜生活，又不沉溺于其中，寄希望于未来又不空想未来；既要全心全意地爱他（她），又不要对他（她）存有过高的奢望；既能与爱人有福同享，又能与爱人患难与共。

然而，在现实婚姻中，女人往往对婚姻抱有太多的幻想，总以为婚姻中不会出现问题，他永远应该是结婚时那样的帅，恋爱时那样的体贴。实不相瞒，这只是你的一厢情愿。更多的时候，男人会回到家，把臭袜子一丢，不洗澡就睡觉，你和他说话，他头都不愿抬一下。

有一句诗是这样说的“不识庐山真面目，只缘身在此山中”。迈过婚姻的门槛儿，你看到的他（她）往往会更真实。

缺点人人都有，我们不能因为爱人有缺点，就选择离婚吧？最重要的是在结婚之初，就能做到心里有数，正确地认识这些问题。每个人的婚姻都会存在这样那样的问题，正所谓“家家有本难念的经”嘛！关键是调整好自己的心态，以积极的心态面对婚姻，面对你和爱人今后的生活。

只有做好了这些心理准备，婚姻才会幸福、快乐，才会走得更远，更踏实。因为婚姻要回归现实，不可能永远是卿卿我我，更多的是柴米油盐酱醋茶的寡淡。

# 结婚了，我却失恋了

新婚蜜月期，小两口你情我浓，恨不得整天黏糊在一起。上班的时候，丈夫满脑子浮现的都是妻子含情脉脉的样子，妻子心里想的全是丈夫温柔的怀抱。可是你是否想过，如果有一天，他（她）要短暂地离开你，或者他（她）厌烦了你总围绕在身边，你该怎么办？

葛琳的老公叶盛是一名警察，两人刚刚结婚一个月，叶盛因工作需要，就被派往外地执行任务。葛琳一个人面对着空空的婚房，翻看着两人以前的旧照片，暗自神伤，喃喃自语道：“结婚了，我却失恋了。”

葛琳与叶盛是在大学里认识的，两人是同班同学，叶盛是班长，葛林是团支书，因工作关系两人渐渐地熟络起来，并很快相爱。在大学里，他们是公认的“模范夫妻”，两人形影不离，一起去食堂吃饭，一起去自习，一起去图书馆，一起逛街购物。总之是哪里有叶盛，哪里就有葛琳。

由于葛琳和叶盛都是独生子女，双方父母都有稳定的收入，所以大学毕业后，在双方父母的资助下买了新房。房子装修好后，两人很快结了婚。婚后，叶盛的父亲托人将叶盛安排在公安局工作，成了一名警察。葛琳进入了一家房地产公司工作。

因工作关系，葛琳和叶盛不能像在学校一样，除了睡觉，两人都黏在一起。好在晚上下班回到家，两人还能在一起。新婚燕尔，蜜月情浓，葛琳更加依恋叶盛，恨不得晚上睡觉都枕着叶盛的胳膊；要不是考虑叶盛吃不消，她肯定是不会放过老公的。

谁知，前两天老公接到单位的通知，要去外地办一起案子，出差一个月。葛琳一听到这个消息，眼泪都快要掉下来了。叶盛出差那天，她还亲自把叶盛送到火车站，拉着老公的手，依依不舍，直到火车快开了，才不得已松开手。

自从叶盛走了之后，葛琳经常给他打电话，为此叶盛受到了领导狠狠的批评，迫不得已，叶盛只能关掉手机。听不到老公的声音，葛琳心里空落落的，不停地翻看相册，看老公的照片，像是失恋一般。

一天，葛琳的表姐来看望葛琳，葛琳将自己的烦恼告诉了表姐，“表姐，你说我是不是得了相思病呀？”听了葛琳的话，表姐扑哧一声笑了，“妹妹，新婚之初，想老公是正常的，但是像你这样茶不思饭不想、魂不守舍的样子却是少有。”

“其实，我也知道这样不好，可是我们以前天天在一起，现在他突然出差了，我真的很不适应。”葛琳害羞地说。表姐说：“夫妻之间再亲密，也要保留各自的空间，否则，婚姻是很容易出问题的。”葛琳似懂非懂地点点头。

“在学校的时候，你们课余时间较多，可以经常在一起，现在组织了家庭，要为生活努力，要工作，不能再像学校一样黏在一起。你别看叶盛现在不反感，时间久了，他就会反感。因为他有他自己的生活圈子，你也应该一样。”表姐耐心地帮葛琳分析。听完表姐的话，葛琳也意识到了自己的问题。

**新婚蜜月，浓情蜜意，情理之中，但别忘了给自己和爱人各自一个自我的空间。**

在这个故事中，葛琳对老公叶盛的依恋虽有些夸张，但结婚之初，多数小夫妻都会有“一日不见，如隔三秋”之感，实属正常。有位心理学家曾写道，一个成熟称得上真爱的恋情必须经过四个阶段，即共存、反依赖、独立、共生。各阶段之间转换所需的时间因人而异，时间长短不同。

在第一个阶段共存期间，男女不论何时何地总喜欢黏在一起，比如热恋期间、结婚之初等。故事中的葛琳与叶盛新婚不久，老公因工作需要出差，令葛琳非常难过，心里空落落的，这说明两人还处在恋情的共存期间，这是两人最甜蜜、最温馨、最浪漫的时刻。

随着情感的稳定，慢慢适应婚后生活后，就会进入第二个阶段——反依赖。在这个阶段，一方或者双方会要求对方能够多给自己一点空间，做自己想做的事情，这时另一方就会有被冷落之感。

婚姻持续一些年之后，到了人们常说的“老夫老妻”阶段，彼此会要求对方给自己更多的独立自主的空间，即独立阶段。经过多年的磨合，彼此的性情秉性都非常了解，新的相处之道已经成形，就到了第四个阶段——共生阶段。

在这四个阶段中，第二个阶段和第三个阶段的转变是至关重要的，有相当一部分人不能通过这个阶段，最终导致恋人分手、婚姻解体。恋爱也好，婚姻也好，它就像一个婴儿一样，从出生到长大成人，要经过很多阶段，每个阶段又都会出现很多新的问题；但只要相爱的人彼此珍惜，好好沟通，就一定能携手走向幸福。

在这个故事中，葛琳的表姐说得很有道理，夫妻之间要保留自己的空间，丈夫有丈夫的生活圈子，妻子有妻子的生活圈子；结婚并不意味着把男人和女人赶进同一个生活圈子，不能有各自的空间。否则，时间久了，夫妻两人都会觉得婚姻成了一种束缚，到那时就很容易引发家庭矛盾。

关于这个问题，很多夫妻都没有意识到。特别是一些女性朋友，她们喜欢把家庭、老公当成生活的一切，除了工作，就是围着老公转，结果失去了自我，却得不到老公的理解，甚至会遭到老公的厌弃。

因此，夫妻之间一定要保留自我空间。所谓的自我空间就是保持各自的朋友、各自的兴趣爱好，同时要了解对方的兴趣爱好，不限制对方的自由，尊重对方，信任对方。我们都必须认识到：再好的夫妻，都需要在自己的心灵深处保留一块净土，那里只属于自己，那里是放松心灵的地方。

只有认识到这一点，婚后做好一定的心理准备，才不会如葛琳一样，有如此大的失落感，茶不思饭不想。有一句诗说得好，“两情若是久长时，又岂在朝朝暮暮。”

# 没有甜蜜的蜜月

结婚是幸福的，蜜月是甜蜜的。很多已经结婚的人回忆起刚结婚时的日子，心里都会美滋滋的。但方芳结婚时却没有婚纱，没有婚车，没有钻戒。提起往事，方芳的心里很不是滋味，没有甜蜜的蜜月也许是她一辈子的遗憾。

方芳与老公钱先生是大学同班同学，两人在入学不久，就确立了恋爱关系。大学四年，两人形影不离，上课在一起，吃饭在一起，每天在一起的时间超过 12 个小时。大学毕业后，两人去了广州，都觉得相恋四年了，同居是顺理成章的事情，于是，就租了一间房子住了下来，开始了辛苦的打拼。

不久，两人幸运地被同一家外贸公司录用。这下两人从学校在一起的 12 个小时变成了 24 个小时，他们都觉得这是老天的安排，相爱的人分分秒秒在一起是多么幸福的事情。经过他们的努力，生活逐渐稳定下来，并有了一些积蓄。

三年后，在男方家人的催促下，方芳与钱先生于今年“十一”走进了婚姻的殿堂。结婚是一辈子的大事，虽然两人相处了七八年，但方芳还是格外看重，一定要给自己一个风风光光的婚礼，然后去新马泰蜜月旅行。

可计划不如变化快，就在两人定下婚期之后，公司接了一笔很急的业务，需要身为业务经理的钱先生亲自负责。钱先生认为工作重要，结婚可以化繁为简，反正两人已经相处这么久了，结婚只不过是走个形式、走个过场而已。在钱先生的一再坚持下，两人只花九元钱领了个证，请亲戚朋友吃了顿饭。这让方芳对此大为不满，总感觉自己成了他的人，就不值钱了。

本想着度蜜月的时候，让老公好好陪陪自己，也算是补偿吧，谁知公司在业务上又出了岔子，搞得钱先生焦头烂额，不等方芳提去新马泰旅游度蜜月的事，钱先生就主动对方芳说：“方芳，你看去新马泰多麻烦，又要坐飞机，又要转来转去，既浪费时间，又累人，不如咱们改为港澳一日游吧。”

方芳一听就和老公吵了起来，“结婚你化繁为简，旅游度蜜月你又来缩水。你是不是看我和你领了证，成了合法夫妻，就可以为所欲为，什么都要听你的是不？不行，没得商量，必须去。”钱先生也火了起来，“都老夫老妻了，还追求那玩意儿干什么？工作重要，有了钱，以后想去哪里就去哪里。”

方芳委屈地哭了，“女人一辈子最幸福的时刻就是披上婚纱的时候，可我却没有婚纱，没有婚车，没有钻戒，就这样草草地结婚了，你知道我有多委屈吗？现在度蜜月你又要打折扣!”钱先生觉得方芳这样做，就是不切实际，婚姻的实质就是踏踏实实地过日子。由于小两口闹了不愉快，结果连港澳都没有去成。

如今，方芳与钱先生已经结婚一年了，但对于结婚的事情，方芳依然耿耿于怀。她经常委屈地说，结婚是履行仪式，是走过场，度蜜月是逗你玩，结婚也不过如此。

**小别胜新婚，小别是婚姻的甜味剂。**

如今，婚前同居早已不是什么新鲜事，很多人在领证之前，总是忍不住要尝尝禁果的滋味，体验一下同居的美妙。像方芳和钱先生这样同居三年再结婚的，大有人在。特别是在当今房价居高不下的情况下，很多适婚的小伙子被丈母娘的硬件条件房子束缚着，来个爱情“长跑”，跑上七八年，也不是没有。

婚前同居的青年男女在结婚度蜜月时，新鲜感、激情、神秘感自然要比没有婚前同居的人少，再加上有些人虽然没有婚前同居，但往往会有性行为，所以，蜜月期的甜蜜感也会受到一定的影响。

在这个故事中，方芳和钱先生从大学时相识相恋到同居再到结婚，经历了七年的时间，两人熟悉得不能再熟悉。即便如此，方芳依然希望有一个浪漫的婚礼，有一次甜蜜的蜜月之旅，并做了精心的准备。

但天不遂人愿，偏偏在两个人定下婚期之后，身为业务主管的钱先生在工作上遇到一些事情，不得不将结婚化繁为简，以致蜜月都没有度成。为此方芳非常恼火，与钱先生发生激烈的争吵，甚至开始怀疑自己的婚姻质量，怀疑这个男人到底爱不爱自己。总之，方芳觉得这样结婚很委屈。

其实，即便是方芳能够如愿，她的蜜月恐怕也不会像她想象得那样甜蜜。他们彼此的熟悉程度，注定他们不会像其他新婚夫妇一样甜蜜。当然，如果两人感情好，能够多为对方着想，这种平淡也不会成为问题。

我有一个女朋友，结婚时除了花九元钱领了个结婚证，其他的什么都没有。有一次，我开玩笑地问她，你这样会不会觉得很亏呀？她笑着说，我没觉得这样有什么不好，结婚是两个人的事情，非要弄得亲戚朋友累得不行，还不是很划不来？再说了，我们还时尚了一把，可是裸婚啊！

朋友的一番话，让我打心眼里佩服。婚礼场面隆重不隆重，蜜月甜蜜不甜蜜，其决定因素不是外在的形式，而是心里的感觉。平淡的结婚并不代表不幸福，并不代表爱人不够爱自己。更何况，婚姻的最终归宿还是平淡，多么风光、奢华的婚礼，多么浪漫、甜蜜的蜜月，最终还是要回到柴米油盐酱醋茶的琐碎中来。

当然，我们不能说方芳的不高兴是没有理由的，是无理取闹。相对于男人来说，女人对婚姻的期望值往往过高。比如，上床睡觉前不洗脚，可能男人会认为没什么大不了的，一天不洗不会怎么样，但在女人看来，这是邋遢的表现，这样的男人是不可饶恕的，甚至把这个上升到婚姻是不幸福的高度。

在这个故事中，方芳认为钱先生不能为了结婚推掉手里的工作，陪她去度蜜月，是不爱自己的表现，是钱先生没把自己当回事儿的证据。其实这种情况，在男人看来，是再正常不过的事情了。因为男人大多比较理性，而女人则比较感性。

另外，也有可能是钱先生对方芳太熟悉，太过了解，从而产生了厌倦感。相对而言，男人比女人更容易喜新厌旧，这很正常。之所以会这样说，并不是“空穴来风”。

在动物实验中，雄性易被新的异性唤起，这种现象被性心理学家们称为“科妮基现象”。其实，动物的这种“科妮基现象”，人类也有，在人的一生过程中每个男人心里或多或少都出现过。所以，每个妻子都应该明白，男人存在这种心理是非常正常的，用不着过分担心。

那么，如何才能让蜜月过得甜蜜呢？方法只有一个，那就是保持距离。不管是女人的期望值过高，还是男人的喜新厌旧，都适用于“距离产生美”这一千古不变的爱情真理，只有保持适当的距离才不会让女人纠结、让男人产生厌倦。所以，不论是夫妻，还是情侣，记住，小别是情感的调味剂。

# 你在我眼里最美

人生四大喜事：久旱逢甘露，他乡遇故知，洞房花烛夜，金榜题名时。洞房花烛是人生一件大喜事，当酒席结束，宾客散去，张灯结彩的婚房只有你和他（她），你是否早已紧张得抬不起头；当他（她）解开你衣服的一瞬间，你是否以迅雷不及掩耳之势关掉了灯……

金燕和刘志刚刚结婚一个月，正是如胶似漆的时候，可这对新婚燕尔的小夫妻却闹起了矛盾，刘志一气之下，搬回了公司的集体宿舍，留下金燕独守空房，暗自落泪。金燕的母亲得知后，火速跑过来救火，苦口婆心问了老半天，可女儿除了委屈地抹着眼泪，一句话都不说；问刘志，也是支支吾吾，说不出个所以然来。

金燕的母亲是个聪明人，一看此情此景，就猜个八九不离十，拉着女儿到了另外一个房间，关上房门，与女儿耳语了几句，金燕羞答答地低着头，小脸通红通红的，像开在春天里的桃花。了解了事情的缘由，母亲抿着嘴偷笑，金燕的脸更红了，像一片火红的晚霞。接着，母亲趴在女儿的耳边，用手遮着半边脸，嘀咕了一阵子。然后，母亲就高高兴兴地回家了。

那天晚上，金燕早早地梳洗完毕，换上了一件性感的薄纱睡衣，拉着老公进了卧室，先是主动打开台灯，然后害羞地坐在了床边，含情脉脉地看着老公，柔和的灯光照在金燕那张粉里透红的小脸上，甚是惹人怜爱；修长笔直的双腿，从睡衣里面露了出来，散发出柔和的光泽。

刘志一时间像被雷电击中了，不敢相信眼前的一切，时隔三日，老婆竟然有如此大的变化，他再也控制不住早已心潮澎湃的激情，一把将娇妻搂在怀里。那一晚，小夫妻过得很甜蜜，金燕也终于走出了心中的阴影。

原来，自从新婚之夜开始，金燕就不允许刘志在卧室里开灯，因为她担心刘志会看清自己的真面目：乳房像泄了气的气球；臀部像战备跑道一样平坦；还有让人不自信的微微凸出的小腹。当然，这都是金燕的自我感觉。

每每看到杂志、画报上那些“魔鬼身材”的女性，金燕都会忧心忡忡好久，“如果老公看到我的身材，是不是就会不要我了呢?”这个疑问一直萦绕在她的脑海里挥之不去，以致每次与老公亲热时，她都想尽办法掩饰自己的身材，即使不开灯，她也会躲在被子里，遮遮掩掩。这让刘志很恼火，觉得和老婆亲热像是吃了一顿没有放盐的菜肴，总是不对味儿。

前两天，刘志霸王硬上弓，打开台灯，强行拉开死死裹在金燕身上的被子。没想到，金燕竟然蹲在墙角梨花带雨般哭了起来，使刘志欲火焚烧，却不能遂愿，一气之下，跑回了公司的集体宿舍。要不是丈夫娘的谆谆教诲，使老婆豁然开朗，不知道他和娇妻要较劲到什么时候呢。

**性爱不是人体艺术欣赏，而是灵魂的一次旅行，一次酣畅淋漓的奇妙之旅。**

现实生活中，有很多女性有过和金燕一样的经历，她们认为性感是俊男美女的专利，认为若是没有魔鬼的身材，天使的脸蛋，就没有性感可言，自己不够美的身材就会让爱人提不起“性趣”。所以，她们总是“千呼万唤始出来，犹抱琵琶半遮面”。

这种心理我们称之为“性表现焦虑”。这种心理男女都可能产生，只不过相比较之下，女性对自己的身体要求过于苛刻，所以，有这种心理的人中女性占绝大多数。

其实，这完全是自寻烦恼、杞人忧天，没事自己吓唬自己。如果你觉得我说的话是“空穴来风”，那咱们听听专家们是怎么说的吧。

纽约市性学研究中心研究员吉达尔博士说，“很多新婚妻子会觉得赤裸不雅观，但其实这正是她的快乐源泉。在新婚阶段，不管新娘身材好与坏，在新郎眼里都是独一无二、充满魅力的。因为此时的新郎已经失去判断力，完全沉浸在美好性爱的感受中。”

从吉达尔博士的这句话中，我们可以得出这样一个答案：处于性亢奋期的男人的审美观基本为零，比起你的身材，他们更专注于性爱带来的快感。所以说，性爱不是人体艺术欣赏，而是一次灵魂的旅行，一次酣畅淋漓的奇妙之旅。

换句话说，你的爱人不是在和你的身体做爱，而是和你这个人做爱。做爱不是两个身体简单的接触，是因为相爱才使两个灵魂靠近，两个肉体结合。性是灵魂与肉体的统一，所以，你的个性魅力，你的反应，在做爱过程中占着相当大的比重。

既然如此，女人又为何作茧自缚呢？殊不知，正是你的这种看似精明的愚蠢行为，使你和你的爱人无法真正体验到性爱的快乐。一项在美国弗吉尼亚州所作的调查研究表明：不因为自己的身材不好而感到焦虑的女人，在她性行为中，达到高潮的概率高达83%以上；而相比较而言，那些老是担心自己身材的女人做爱时达到高潮的概率却只有42%。

如果你不希望美好良宵被自己的忧虑给搞砸了，那就正大光明地爱吧。打开台灯，让爱人尽情地欣赏你曼妙的身体。也许你有所不知，“大多数男人喜欢在照明充足的地方做爱，因为这可以满足他们的观看乐趣。特别是在新婚蜜月期间，他们正在和自己的新娘建立起一种全新的性爱方法，而这种方法有可能延续一辈子。因此，在潜意识里，他们希望通过观看新娘的每一个反应，来调整自己的做爱方法。”这不是我对你的蛊惑，而是佛罗里达州州立大学性爱心理研究所所长威廉兰·齐格博士给你的建议。

如果你很害羞，一时还无法适应在灯光下赤裸裸地呈现在他的面前，那就换个低度数的灯泡吧，或者点一根蜡烛，也是很浪漫的事。把你认为最美的、最能勾起他欲望的地方给他欣赏，坚挺的乳房、丰满的臀部、水蛇般的细腰……这些足以让他意乱情迷，丧失全部的智商，他哪里还有时间吹毛求疵呀。

不要有罪恶感，性是一种基本的生理需要，像穿衣、吃饭一样，是很正常的事情，而且你的这种做法会让老公感到安全，更容易勃起，更容易使你们品尝到幸福的快感。

还有一点，我想偷偷地告诉你，其实，你不仅身材美，娇喘的声音更加动人。不要期盼自己能像梅格·瑞恩在《当哈利遇见莎莉》那部电影里表现得那么完美，你要做的只是做真实的自己。不要担心你在做爱过程中看起来不够优雅，只要你放开心里的包袱，尽情地投入，尽情地享受，你就是最棒的！

# 解不开的处女情结

今天是刘小玉与张胜利结婚的大喜之日，张胜利家里张灯结彩，鞭炮声此起彼伏，一派喜气洋洋的景象。村里的人都说张胜利有福气，娶了一个城里的漂亮姑娘做老婆。听着大家伙的夸奖，张胜利乐得合不拢嘴，而新娘刘小玉却一副愁眉苦脸的样子。

一年前，刘小玉与张胜利经人介绍相识、相爱。张胜利是个农村小伙儿，憨厚老实，特别会体贴人，每次从老家来，都会给小玉拿一些土特产，柴鸡蛋、煮花生、自家酿制的蜜枣等。

可张胜利越是对自己好，刘小玉的心里越是难过，甚至开始害怕见到张胜利。慢慢地，张胜利也觉察到了女友的变化，但他是个善解人意的男人，他认为小玉不说，肯定有苦衷，便不再细问。

一天，张胜利约刘小玉去看电影，电影散场后已经是午夜，回家的最后一班车早已经没有了，张胜利便想找个宾馆，凑合一宿，可刘小玉死活不同意。张胜利看出了女友的担心，就对她说，“小玉，你放心，我不会伤害你的。相信我。”

刘小玉在男友的一再承诺下，去了宾馆。为了让小玉放心，张胜利让女友睡在床上，自己趴在桌子上打盹儿。很快，张胜利就睡着了。可小玉却躺在床上翻来覆去睡不着，越想越觉得对不起男友，最后竟小声哭泣起来。

张胜利听到哭泣声，揉了揉蒙眬的睡眼。“小玉，你怎么了？”他焦急地询问。小玉哇地一下大哭起来，并一把抱住了男友，然后断断续续地讲述了自己的遭遇。

原来，刘小玉在以前有一个青梅竹马的男友雷宇，两人从小就很要好，在小玉的心里雷宇就是与她相伴一生的男人。因为雷宇的父母早年去了美国，所以，平时小玉经常过去帮他收拾家务。

那是一个闷热的午后，小玉去雷宇家里玩，两人边看电视边聊天。后来，不知怎么回事儿，雷宇开始亲吻小玉，小玉本能地想反抗，雷宇一把抓住她的手，深情地说，“小玉，你就是我的最爱。今天，我就要让你成为我的女人。”

说完，雷宇就把小玉按倒在沙发上。小玉心里很害怕，想反抗，又怕伤害男友的感情，在半推半就之中，两人发生了性关系。不久，雷宇研究生毕业，去了美国，便与刘小玉分了手。

“胜利，我知道你是真心爱我的，但是我不能欺骗你，我们分手吧。”小玉哭得跟个泪人似的，张胜利被这突如其来的消息搞得不知所措。“小玉，我，没想到会是这样，让我考虑考虑吧。”说完，张胜利离开了宾馆。一个星期后，张胜利找到了小玉，“小玉，我想好了，我要你做我美丽的新娘，我不在意你的过去。”听完张胜利的话，小玉哭了。

半年后，两人结了婚。可婚后的刘小玉并不幸福，她总会闷闷不乐，深深地自责与愧疚：为什么没有把第一次献给自己的丈夫？虽然张胜利一再告诉她，自己并不在乎，并对她呵护有加，可刘小玉心里的阴影却始终挥之不去。她始终觉得自己亏欠丈夫，对不起丈夫。

**女人不是男人的附属品，一个自强自立的女人是不会对自己的“过去”耿耿于怀的。**

很多男人都有处女情结，这是不争的事实，但是很多人却不明白，为什么女人也会有处女情结。有些女人因为没有在新婚之夜将自己的第一次献给丈夫，会耿耿于怀很久，甚至一辈子都会自责，即便是丈夫并不在意这一点，依然无法让女人释怀。相反，多数女人却能接受自己的老公不是处男的事实。

在一次对16万女网民的调查中发现，近八成的女网民介意自己不是处女，而对老公不是处男则采取宽容态度，只有约三成女性介意自己的老公不是处男。之所以会这样，与中国传统的教育有关。举个简单的例子，按照老皇历的说法，女人要是有了婚外情，会被说成是破鞋，说得文雅一点儿叫水性杨花；而男人有了婚外情，则会说成是风流。

从这个例子中，我们可以看出，同样是婚外情，人们对男人和女人的容忍态度是有很大差异的，并且多数男人都会认为女人有婚外情是不可原谅的，这种强势说明封建思想残余根深蒂固。在旧社会，男人可以娶两个老婆，甚至更多，而女人则必须从始而终跟随一个男人，不是有句话叫“嫁鸡随鸡嫁狗随狗，嫁个扁担挑着走”嘛。这足以说明旧社会里的女人没有地位。

我们再深挖一下，旧社会里的女人为什么没有地位，很重要的一个原因是经济不自立，女人只是男人的附属品。现在大不同于旧社会，女人越来越独立，可以自食其力，养活自己，可以和男人一样闯事业。新时期的女性可谓是“上得了厅堂，下得了厨房”，独当一面，完全没有必要像旧社会里的女人一样卑微地活在男人的影子里。

我啰啰嗦嗦说了这么多，只想证明一点：女人只有不够自强自立，把自己当成男人的附属品，才会对自己不是处女耿耿于怀。

在这个故事中，刘小玉因为深爱男友雷宇而失身，这是可以原谅的，因为她的本质并不坏，并不是一个随便的女人。她爱雷宇，把雷宇看作是可以托付终身的人，只可惜她遇人不淑。在现实生活中，有些女人是因为被强暴而失身，这种情况不仅应该得到人们的谅解，更值得人们同情和呵护。当然，也有些人是因为一时糊涂或不自爱而失身。

但无论是哪一种情况，都不应该因此而自卑，永远活在自责中，不敢抬头。那只能说明你曾经犯过错误，如果你已经改过自新，就不必为失去一张“处女膜”而自责，它并不能代表什么。忠贞不应该只局限在肉体上，精神上的忠贞才是最重要的。

另外，女人应自立自强，有一份属于自己的事业，有自己的奋斗目标，有自己的人生规划，而不能把生活只限于“三转”上：围着锅台转，围着孩子转，围着老公转。这样才会赢得别人的尊重，生活才会有意义。

最后，想特别提醒女同胞们一句：能够像张胜利一样接受自己的老婆有“瑕疵”的男人是好男人，值得你去珍惜；和这样的男人生活在一起，你是幸福的。

# 当婚姻遭遇“处女情结”

自从新婚之夜开始，秦晓峰心里就憋了一团火，他极力在众人面前掩饰着自己的愤怒与委屈，装出很幸福的样子。可越是这样，心里越痛苦，特别是当他看到新婚妻子时，心里的那团火会越烧越旺……

一个月前，秦晓峰与相恋两年多的女友赵菲菲走进了婚姻的殿堂。在众人眼里，他们是天设一对地造一双。秦晓峰是一所大学的体育老师，长得高大魁梧，英俊潇洒。赵菲菲是公司的白领，聪明能干，温柔漂亮。

秦晓峰出生在一个教育世家，受传统思想影响比较大，所以，虽然他与赵菲菲恋爱了两年多，但两人的亲昵关系只限于拉拉手、拥抱、接吻。相比之下，赵菲菲则是一个开放的女孩儿，在此之前，曾经交过两个男朋友，之所以会选中秦晓峰，是因为她觉得秦晓峰忠厚、老实，和他在一起有安全感。

秦晓峰的父母是爱面子的人，就这么一个儿子，所以非常看重秦晓峰与赵菲菲的婚礼。为了举办一个隆重而热闹的婚礼，老两口在两个多月前就开始忙碌，发请帖，订酒店，订婚车，总之与结婚相关的事宜，老两口都亲自过问，这让工作忙碌的赵菲菲很是感动。在公婆的操办下，秦晓峰与赵菲菲的婚礼办得热热闹闹，赵菲菲当场流下了幸福的眼泪，她发誓一定要对老公好，对公婆好。她也相信他们的婚姻一定会幸福、甜蜜。

然而，对美好生活的向往在新婚之夜戛然而止。“菲菲，你不是……”秦晓峰阴沉着脸，望着干净的床单，低声吼道。“晓峰，你，不会很看重这个吧？”赵菲菲惊恐地看着秦晓峰愤怒的表情。“我是个男人，是男人都会看重！”说完，秦晓峰一骨碌地从床上爬起来，跑出了卧室，坐在客厅的沙发上，一根接一根地抽烟。

赵菲菲伤心地哭了，她没想到秦晓峰很在乎自己不是处女。其实，赵菲菲失去贞操是因为一次意外。上大学时，她交了一个男朋友，一次男朋友过生日，在生日宴会上，赵菲菲喝了很多酒，迷迷糊糊地睡着了。等她再次醒来时，发现自己已经赤身裸体地躺在了男友的身边。原来，她喝醉后，男友把她带到了宾馆，在她不知情的情况下，与她发生了性关系。

赵菲菲心想如果我把这件事告诉秦晓峰，也许他会明白我的苦衷，于是，她把事情的经过原原本本地告诉了老公，希望能得到谅解。可秦晓峰只是一个劲儿地抽烟，默不作声。其实，他也知道这不能全怪妻子，但心里就是接受不了妻子不是处女的事实。

为了能够得到老公的原谅，赵菲菲包揽了所有的家务活儿，买菜、做饭，洗碗、洗衣服，孝敬公婆。可越是这样，秦晓峰心里越不是滋味，尤其当父母在外人面前夸奖自己娶了个好儿媳时，秦晓峰的心就像刀绞一般。他害怕夜晚的到来，害怕与妻子独处，因为他总会不由得胡思乱想。尽管知道这样对妻子不公平，但他放不下。

**男人的处女情结源于不自信，过于追求完美，如果你足够爱她，就应该包容她的一切。**

有一句话是这样说的：每个男人都希望自己是女人的初恋，每个女人都希望自己是男人最后的爱。从这句话中，我们依稀能够感觉到男人或多或少都有点儿处女情结。尽管现在社会已经很进步，男女平等的呼声已经很高，但还是有很多男人在乎自己的妻子不是处女。

据一次网络调查显示：15.8 万男性网友投票参与是否在乎妻子非处女的讨论，其中 59.88% 约九万网民选择肯定在乎，26.86% 约四万网民选择比较在乎，只有 13.2% 的网民选择不在乎妻子非处女。86.7%！这是一个惊人的数字，也就是说有接近九成的中国男人在乎妻子非处女，具有不同程度的处女情结。

在这个故事中，秦晓峰的纠结、痛苦、挣扎都源于内心的“处女情结”。处女情结体现了男性的征服欲望和成功感，在秦晓峰看来，拥有女性的初夜就是拥有她的一切。从表面上来看，秦晓峰的“不幸”都源于妻子赵菲菲婚前的一次性行为，但追本溯源是因为他的不自信，缺乏安全感，过于追求完美。这种潜意识可能连他自己都没有意识到。

第一，先来说说缺乏自信这个问题，当秦晓峰知道妻子在婚前有过性行为之后，在潜意识里，他会担心自己不够强大，是个失败者。这种巨大的压力像石头一样压在心头，让他非常痛苦。

其次，过于追求完美。秦晓峰出生在教育世家，从小受传统思想的教育比较深，自己也是个老师，骨子里他是个保守的男人。并且在他的眼里，赵菲菲聪明能干、温柔漂亮，美得就像一块没有瑕疵的玉。所以，他眼里容不下一粒沙子，在知道真相之后一时很难接受。

最后，缺乏安全感。得知赵菲菲在婚前有过性行为之后，秦晓峰可能会有这样的担心，担心她今后还会作出对不起自己的事情。尽管他知道老婆的第一次是在无意中被人夺走的，但他无法释怀。

那么，在现实生活中，遇到秦晓峰这种类似遭遇的情况，该如何进行自我调整，摆脱“处女情结”的困扰呢？

首先，你应该明白，妻子是爱你的。你是很优秀的，在决定和你结婚之前，妻子有过恋爱的经历，却最终选择了你，这还不是最好的证明吗？这证明在她的心里，你是唯一的，你是最棒的，你是她要共度一生的伴侣。

其次，问问自己爱不爱你的妻子。你如果爱她，就包容她的一切，而不仅仅是爱她的温柔、善良、美丽，更应该接受她的缺点，包容她曾经犯下的错误。在人的一生中，谁都有可能犯错，我们不能因为某人犯了错误，就将此人全盘否定。与其纠结在过去的不愉快中，不如好好享受现在的幸福。

最后，认识到自己的不足。金无足赤、人无完人，在要求别人的同时，你应该清醒地认识到自己身上的不足。谁都有缺点，也会有优点，爱人可以接受你的缺点，你又为什么不能呢？

人生不如意之事十有八九，与其在追求完美的压力中痛苦得不能自拔，不如顺其自然，接纳一些遗憾、一些不完美，也许这样会让生活更美好。

# 新婚之夜的尴尬糗事

在陶杰的心里，顾晓梦才是他最爱的女人，可惜，他与她有缘无分，被父母生生拆散。在父母苦口婆心地撮合下，他娶了一个精明能干的女人何美琳，谁知，一向阳光、身体健朗的陶杰却在新婚之夜遭遇了极其尴尬的糗事……

婚宴结束，亲朋好友纷纷散去，房间里只剩下一对新人——陶杰与何美琳。俗话说，洞房花烛夜，一刻值千金。可陶杰面对新婚的妻子却无动于衷。忙碌了一天的何美琳早就累坏了，特别是两个腮帮子笑得都发酸了，便过来催促陶杰早点儿休息，“陶杰，忙了一天了，咱们早点儿睡吧。”

“哦。”陶杰心不在焉地应了一句。何美琳很不高兴，但碍于今天是结婚大喜的日子，便不想与之计较。其实，早在筹办婚事的时候，她就觉得陶杰有些不对头，苦于公婆总在身边打圆场，没有机会询问。

何美琳帮陶杰脱去外套，拉着老公的手，温柔地说：“陶杰，我爱你！”她上前轻轻地去吻陶杰的脸颊，那一刻，陶杰本能地想到了逃跑，但是理智告诉他，不能这样做，面前的这个女人是自己的妻子，自己应该尽到做丈夫的义务。于是，他消极地应付着。

可不知为什么，陶杰发现自己力不从心，越是着急，那“家伙”越是不听话。何美琳本来心里就压着一团火，现在一下子被点燃了，“陶杰，你是不是男人啊？怎么会……”“你说谁不是男人？”陶杰被妻子的侮辱激怒了，“我说你不是个男人！从筹办婚事的时候，你就一副心不在焉的样子，你是不是早就知道自己有病啊？”陶杰恼羞成怒，把枕头狠狠地摔在了地上，夺门而逃。

原来，陶杰深爱的人并不是何美琳，而是顾晓梦，两人在工作中相识、相爱。不承想当陶杰的父母知道儿子在与一个外地穷山沟里的姑娘谈恋爱时，死活不同意，为了让陶杰死心，母亲甚至以绝食相威胁。陶杰是个孝顺的孩子，迫于父母的压力，他痛苦地向顾晓梦提出了分手。分手之后，顾晓梦离开了北京，回到了老家，两人便失去了联系，但陶杰却对顾晓梦念念不忘。

一年以前，父母托人帮儿子物色了一个漂亮能干的姑娘何美琳。何美琳经营着一家化妆品公司，收入不菲，人也长得漂亮，老两口非常满意。起初，陶杰很抗拒父母的安排，因为他觉得这个世界上没有人能够替代顾晓梦。然而，在父母苦口婆心地一再要求下，他还是硬着头皮和何美琳接触了几次。何美琳对陶杰非常满意。后来，在双方父母的安排下，两人定下了婚期，顺利完了婚。

陶杰跑出家门，来到离家不远的河边散步，此时已经是秋季，飒飒的秋风吹来，让陶杰清醒了不少。他觉着这样做对妻子太不公平了，与其这样纠结，不如试着去接受她。说服了自己，陶杰回到了家，何美琳已经睡着了。

第二天，陶杰早早地进了卧室，他想忘记昨天的不愉快，让妻子知道他是一个真正的男人。可是这一次又让他失望了，何美琳说了很多难听的话，几乎让他崩溃。他不知道自己到底怎么了，难道真的患上了阳痿？

**放松、自信让你重新找回做男人的雄风。**

在大家的意识里，新婚之夜是充满激情的，是幸福的，是甜蜜的。实际上，新婚之夜并不像想象的那样完美，由于男女双方是第一次有性生活，难免会遇到这样那样的状况，或者说是糗事。在现实生活中，像陶杰这样关键时刻掉链子的情况也时常发生。

那么，这算不算是阳痿，是不是一种疾病呢？明确地说，绝大部分新郎在新婚之夜发生阳痿是由心理因素所致，所以，陶杰出现的这种情况是一种较为正常的反应。因为夫妻间的性生活，本来就有一个磨合的过程；一旦两人熟悉配合了，这种情况就不再存在。

就这个故事本身而言，陶杰的“心不在焉”也是一个很重要的原因。面对新婚的妻子何美琳，他心里却想着的是自己的挚爱——顾晓梦，使他从内心反感与妻子有肌肤之亲，再加上何美琳很强势，说了很多带有侮辱性的语言，更让他焦虑、紧张，致使在结婚第二天也未能如愿。

像陶杰这样因心理因素导致的阳痿，通过自我调节，完全可以不治而愈。具体可以从以下几个方面进行努力：

第一点，也是最重要、最关键的一点——自信。坚信自己的性功能是健康的，偶尔发生一次不愉快的经历并不能说明什么，这就像再健康的人都会伤风感冒一样，再正常不过了。

第二点，放松身心。在与妻子同房前，先让自己的身心放松下来，不要总想着以前的不愉快，全身心地投入到美妙的性爱中去，你会发现一切都会顺其自然。

第三点，给自己积极的暗示。与妻子同房时，要用积极的语言暗示自己："我身体没有病，我可以的。"强化这个意念，在心里默默地自我暗示，方能收到良好效果。

第四点，主动请求妻子的配合。将自己的苦衷讲给妻子听，希望得到妻子的谅解和帮助；并明确告诉她，用性无能挖苦自己的丈夫，是不允许的。

第五点，选择合适的性生活环境。性生活是夫妻间的私密，要想夫妻间能够全身心投入，创造一个安静、幽雅的环境至关重要。一旦性生活期间被干扰，往往会给夫妻双方留下不易抹去的阴影。

第六点，破除传统观念的束缚。古往今来，人们都认为，新婚之夜，夫妻无论如何都应该有性生活，否则就不能称之为"新婚夫妻"。这种带有"任务式"的性生活，通常会给夫妻双方一定的压力，反而容易败兴而归。

总之，性生活是夫妻生活的重要组成部分，新婚之夜也好，蜜月也罢，偶尔的力不从心，实属正常，完全没必要忧心忡忡。只要放松身心，顺其自然，就能享受美好的性生活。

## 她在害怕什么

甜蜜的婚房里，新郎何亮与新娘乔芬深情地对望，“亲爱的芬，我们终于结婚了。”何亮轻轻地揽娇妻入怀，乔芬小鸟依人般紧紧地依偎在丈夫宽阔而温暖的怀里。他开始吻她的额头，慢慢脱去她的婚纱，就在他即将陶醉在妻子的淡淡体香中时，妻子却惊恐地战栗起来……

何亮与乔芬已经结婚半个多月了，正是如胶似漆的时候，可两人只在新婚之夜有过一次性生活，每次何亮想与妻子亲热，乔芬就哭成泪人一般，不停地央求道：“不要这样，不要这样，我害怕。”何亮是既气恼又心疼，他不明白妻子在害怕什么。

事情还得从新婚之夜说起，众人散去之后，甜蜜的婚房里只剩下何亮与乔芬两个人。何亮看着漂亮的娇妻，激动不已，紧紧地将乔芬揽入怀中，亲吻她的脸。乔芬微闭着双眼，羞答答的样子，让何亮更是心潮澎湃。

然而，就在何亮即将退去妻子的内衣时，乔芬却紧张地战栗起来，浑身发抖。何亮迟疑了一会儿，他觉得可能是因为妻子紧张吧，每个女人都要过这一关，过去了就好了，便没有太理会妻子的感受，反而加快了速度。

此时的乔芬早已紧张得说不出话来，正准备抓住何亮的手时，突然，一阵钻心的疼痛遍布她的全身，随之，她晕了过去。等她再次醒来时，何亮正坐在她的旁边，紧张地看着她，“没事吧，芬，你怎么了?”乔芬挪了挪身体，想坐起来，钻心的疼痛再次袭来，她不由得“啊”地叫了一声。

“小芬，要不，我们去医院吧。”何亮拉着妻子的手，准备扶她起来，却被乔芬一把甩开，低声地说道：“不去!”然后便哭泣起来。一看妻子哭了，何亮更是坐立不安，他不知道妻子怎么了，自己又做错了什么，焦急地在房间里踱来踱去。

自从新婚之夜后，妻子乔芬就对何亮冷若冰霜，没有了恋爱时的温情脉脉。到了晚上，何亮想与乔芬过夫妻生活时，乔芬总是冷冷地拒绝，一次，何亮想强行与妻子亲热，乔芬竟然拼命与他厮打起来，何亮被妻子的这一举动彻底吓坏了。从那以后，他再也不敢轻举妄动，更害怕夜晚的到来，而乔芬也更加惊恐不安。

在何亮的老家有一个风俗，在新人结婚18天后，新娘娘家的人会上门来看望新娘，乔芬的母亲一来，乔芬就悄悄地把母亲拉到房间，将自己的悲惨“遭遇”告诉了母亲，母亲微微一笑，出了门，在老伴的耳边嘀咕了几句。吃过饭之后，何亮的岳父将何亮叫到僻静的地方，嘱咐了几句。何亮不好意思地摸着后脑勺，呵呵地傻笑，不住地点头。

当晚，何亮并不着急和妻子亲热，而是放一段轻柔的音乐，温柔地拉着妻子的手和她聊天，聊他们恋爱时去过的地方，说过的话，并时不时地抚摸着妻子的头发，回忆起甜蜜的恋爱时光。乔芬脸上洋溢着幸福的微笑，将头轻轻地靠在丈夫的肩膀。何亮慢慢地低下头，亲吻着妻子，乔芬很配合地躺倒在丈夫的怀里……

**新婚之夜，丈夫的温柔、体贴是缓解妻子紧张、焦虑的关键。**

在大多数人的印象中，洞房花烛夜是幸福而甜蜜的，但实际上度过初夜的女性，几乎有半数以上的人在事后描述此事时，会有厌恶、疼痛、羞耻、不满等不愉快的心理感受，我们把这些感受称之为“新婚之夜综合征”。

所以，像故事中的乔芬一样，在新婚之夜因房事而紧张、恐惧不安是一种很常见的现象，这并不是多么严重的心理疾病。当然，少数女性可能是因为在未成年时遭受过性侵害，而导致了性心理障碍。

那么，为什么大多数正常的女性会在新婚之夜出现恐惧不安的现象，而男性则表现得跃跃欲试呢？这是因为女性在生理、心理以及性观念等方面都与男性存在着一定的差异，不仅性唤起迟缓，而且对性生活的羞涩感也较重，再加上受一些不正确观念的影响，“第一次会流很多血，会很痛”“只有落红，才是处女”等，这都会加重女性的心理负担。

另外，新婚之夜的男性往往心潮澎湃，不顾及女性的感受，鲁莽行事，这无疑更加剧了新娘的恐惧与不安。在这个故事中，乔芬之所以会害怕与丈夫过性生活，与新婚之夜的不愉快经历息息相关。

在性生活之前，何亮缺乏与妻子的沟通，动作粗暴，以致让新娘乔芬身心都受到了伤害。好在事后何亮能够认识到自己的错误，否则不仅会长期影响夫妻性生活的和谐，甚至会导致妻子心理障碍的形成。

所以，新郎应该了解新娘的这些心理特点，理解新娘的心情及感受，才能化解新娘的恐惧与不安，为以后和谐的性生活奠定良好的基础。具体来说，新婚夫妇应该注意以下几点：

首先，宾客散尽之后，新郎要用理智控制激动的情绪，不要急于就寝，先陪新娘说说话，可简单回忆一下恋爱时美好的时光，缓解一下新娘紧张的心情，让新娘为接下来的性生活做好一定的心理准备。

其次，就寝之后，新郎要轻轻爱抚新娘，抚摸新娘的脸蛋、肩膀，并时刻注意新娘的感受与表情变化，等新娘表现出接受这种温和的爱抚，或者不抗拒时，新郎才可再进一步。如果新娘表现出反感、厌恶甚至是明显的抗拒，新郎切不可一意孤行，霸王硬上弓。

最后，新郎可通过甜言蜜语，转移新娘的注意力。如说："亲爱的，我爱你，我会对你好的。""亲爱的，你真的很美。""我会很温柔的。"等等。新郎的赞美可以帮助新娘克服羞涩与恐惧不安，待新娘的性欲被唤起时，方能进行性生活。

只有在新郎的温柔与体贴下，新娘才能真正愿意献出宝贵的第一次，才不会在事后留下深深地恐惧与不安，心里满满地装着丈夫的温情蜜意、温柔体贴。当然，如果在婚前，两人能够了解一定的生理知识，则有助于性生活的和谐。

# 婚房外，婆婆站岗放哨

新婚之夜，新郎与新娘欲亲热之时，门外却传来脚步声，新娘惊出一身冷汗，是谁在门外？此时，门外传来婆婆关切的声音，新娘心稍稍平静了一些。半夜时分，起身如厕，竟发现婆婆站在门外……

新婚之夜，新娘白洁脱去身上的衣物，早早地钻进了被窝，心怦怦直跳，激动又羞涩地等待着神圣时刻的到来。过了好一会儿，于洋才走进婚房，白洁有些不高兴，娇嗔地说："老公，你去哪里了？人家都想你了。"于洋坏坏地一笑，"哟，我的小心肝等着急了？刚才我妈给我说几句话，别急，我马上来。"

说着，于洋三下五除二脱掉了身上的衣服，钻进了被窝，一把搂住白洁。白洁害羞地关上了台灯，可灯刚熄灭，门口就传来一阵脚步声。白洁马上推开老公，坐直了身子，等了一会儿，见没有动静，白洁才松开了老公的手。于洋迫不及待地与白洁亲热起来。

此时，门口又传来一阵咳嗽的声音，白洁立马推开老公，紧张地问："谁在门口？"于洋也很纳闷，这么晚了，谁还会在门外呢？亲朋好友早散去了呀！就在这时，门外传来母亲说话的声音，“于洋，晚上盖好被子，别冻着。”于洋很不耐烦地说：“知道了，知道了。这么晚了，您早点睡吧。”

听到婆婆站在婚房外，白洁的心一下子提到嗓子眼儿，直到听到婆婆离开的脚步声，她才与老公再次躺下，却无法全身心地投入到与老公的甜蜜中去，没想到新婚之夜，婆婆竟然站在门外站岗放哨。与老公勉强亲热完之后，白洁躺在床上，辗转反侧，睡不着。

半夜的时候，白洁起床上厕所，拉开房门的一刹那，一个黑影映入眼帘，她立马尖叫起来，“啊！”于洋一个鲤鱼打挺，跳到了地上，睡在隔壁的公公也跑了出来。“不是，妈，您，怎么站，站在这儿？吓，吓死我了。”白洁不知道自己在说些什么，心中只有愤怒与屈辱。

“老婆子，你不睡觉，在这儿干吗？”于洋的父亲一个劲地责备老伴，拉着老伴儿回到了自己的卧室，白洁回到房间，倒在床上大哭。见妻子哭得这般伤心，于洋一时不知如何是好，一个劲地拍着妻子的背，“别哭了，别哭了。”终于安慰好妻子之后，两人睡意全无，躺在床上聊天。“老公，和我讲讲你和你妈的故事，好吗？”白洁躺在老公的怀里撒娇地说。

从于洋那里白洁得知，于洋原本有一个哥哥，在哥哥六岁那年，生了一场大病去世了。这件事对于洋的妈妈影响非常大，从那以后，她辞退了工作，把全部的精力都放在了于洋身上。于洋的父亲工作在外地，有时一个月才回一次家，于洋的童年是在母亲的呵护下长大的。直到他上高中，父亲才调回本市工作。

听完于洋的叙述，白洁似乎理解了婆婆的过分举动，也不再那么生气了，“老公，你妈妈真不容易。你放心，我以后一定会对她好的。”“嗯，我就知道我老婆是宰相肚里能撑船。来，趁我妈睡觉的工夫，我们再亲热一次……”

**婆婆怪异的行为源于情感失衡，她一时无法接受儿子已经长大、已经成家的事实。**

在这个故事中，如果单从婆婆的表现来看，既让人厌恶，又让人痛恨，更让人匪夷所思，怎么会有这样的婆婆？当了解了婆婆早年丧子的特殊经历之后，我们更多的是同情婆婆的遭遇。但是，我们也必须认识到一点：婆婆的心理不够健康。她没能认识到儿子已经长大，他需要独立地生活，建立自己的家庭，不能再像以前一样在自己的羽翼下，呵护他成长。

从发展心理学的观点来看，健康的母子关系要经历“二次分离”。第一次分离是分娩时期，胎儿在母亲的腹中生活了九个多月，胎儿的一举一动，母亲都能感知到，他们紧密联系在一起。

孩子出生后，少数女性会有强烈的失落感，她们会觉得孩子的降生，仿佛失去了一样宝贵的东西。相对来说，多数女性并不会有这种感觉，直到孩子慢慢长大，有了自我意识，并出现两次“反叛期”，孩子不再依赖母亲，不再喜欢在母亲的怀里撒娇，不再拉着母亲的手要求与他一起玩耍，她们会感觉到一种失落。这是母亲与孩子的“第一次分离”。

“第一次分离”是孩子成长的必经过程，是孩子长大的表现，他们开始离开母亲，独立地玩耍，探索世界，并对母亲的干涉表示出强烈的不满。此时，母亲应该逐渐将重心从孩子身上转移到自己身上，有自己的追求，有自己的事业，有自己的情感，给孩子自由成长的空间。

假如母亲依然拉着孩子的手不放，无论对孩子还是对母亲，都是非常不利的，会导致情感依赖。特别是当母亲遭受一些挫折之后，比如婚姻解体、意外事件的发生等，更容易出现情感依赖。在这个故事中，于洋的母亲因大儿子的去世，给她造成了很大的伤害，再加上老公在外地工作，她的生活里只有小儿子，便把全部的精力与心血都倾注在于洋身上，才导致最终儿子成家之后，还对他恋恋不舍。

也就是说，正是第一次分离的不成功，才引发了第二次分离的失败。第二次分离是指孩子在结婚成家之后。故事中于洋结婚后，母亲莫名地感到被儿子遗弃，所以，她才会出现在儿子的婚房外。

归根结底，于洋母亲的表现是分离焦虑导致的。对于这种情况，儿子一定要发挥主观能动性，让母亲逐渐认识到自己已经长大，需要有自己的生活。同样，母亲也应该有自己的生活，儿子可以建议母亲参加一些社区的活动，或者报一些老年培训班，学学舞蹈、书法，养养花草，将生活的重心从儿子的身上移开，将生活重心放在自己身上，快乐地享受老年生活。

也许，这个问题并不是一朝一夕能够解决的，但是只要耐心地沟通，相信母亲早晚有一天会明白这个道理。在沟通的过程中，要特别注意两点：一是媳妇莫插手，否则，她会觉得自己的儿子真的被另外一个女人抢走了；二是欲速则不达，不要急于求成，慢慢来，用关爱和体贴让母亲逐渐明白这个道理。

健康的母子关系是处理婆媳关系的基础，处理不好，家庭矛盾就会层出不穷。

# 心理测试：你是如何认识婚姻的

不管你处于何种婚姻状态，如果你想了解自己对婚姻的认识，不妨做做以下测试题（只需回答“同意”或“不同意”）。

1. 有美好的爱情，就能有美好的婚姻。
2. 幸福的婚姻一定要有百分之百的信任。
3. 婚姻是完全对等的伙伴关系。
4. 结婚可以实现所有的梦。
5. 借着婚姻，可以改造另一半。
6. 夫妻应该是最知心的朋友。
7. “男主外，女主内”是对的。
8. 丈夫的事业比妻子的事业重要。
9. 婚姻就是找一个好助手。
10. 夫妻间多竞争，能使婚姻更有活力。
11. 好配偶就应该让对方随时快乐。
12. 既是好配偶，就可在对方面前尽情地发泄情绪。
13. 夫妻彼此应了如指掌。

14. 如果一方不快乐，另一方一定有错。

15. 生孩子往往能改善婚姻关系。

对婚姻危机的处理方式——

16. 再不快乐的婚姻，也胜过破碎的家庭。

17. 配偶若要求离婚，一定要设法强留。

18. 清官难断家务事，婚姻若出现问题，要多问问朋友。

19. 夫妻若有问题，不该向专业辅导人员说。

20. 婚姻只要能维持现状就好，能拖就拖，无所谓。

16—20 题，表示对婚姻危机的处理方式，“同意”的越多，表明你越难理性地去面对婚姻。

21. 如果婚姻失败，我这个人等于是完了。

22. 如果对方有外遇，我之前所做的等于白费了。

23. 我为配偶做任何牺牲都无所谓，只要他（她）爱我。

24. 婚姻若不好，我在别人面前会抬不起头。

25. 夫妻应经常同进同出。

**测试结果：**

1—5 题，表示对婚姻的期待，“同意”的越多，表明你对婚姻的期待值比较高，这样，在现实婚姻中就可能出现落差。

6—10 题，表示对配偶的期待，婚姻的维系要靠两人共同经营，要朝着共同的目标互相改变，如果这 5 道题中你“同意”的较多，就说明你对另一方的要求有点儿多了。

11—15 题，表示对婚姻内容的期待，“同意”的越多，表明你越希望有高品质的婚姻，而双方的付出也会更多。

20—25 题，表示对婚姻失败责任的归属，如果出现婚姻危机，这 5 道题中你“同意”的越多，表明你越容易责怪自己，让自己陷入内疚中。

每一部分的 5 道题中，3 道题是个警示线，如果回答“同意”的超过 3 道，就该反省一下自己对婚姻的看法了。还要说明一点，这 25 道婚姻测试题，只能起一个提醒作用，提醒你在某个方面需要注意，并不是绝对量化的一个指标。

注：以上测试是由国内著名心理学家李翔设计。

## 【第二章】

# 梦醒时分期：你说你爱了不该爱的人

婚后不久，飘飘欲仙的感觉消失了，像是做了一场梦，梦里带着甜甜的笑，温柔体贴、善解人意的他（她）转眼就变成了穿得随便、抠着鼻孔、剜着臭脚的陌生人，感觉越来越不妙。

# 你太令我失望了

梅子和于浩是一对恩爱的小夫妻，如今，两人迎来了第一个结婚纪念日，梅子早早地在他们当初相识的西餐厅定下了位子，回想起当初谈恋爱的甜蜜，梅子乐得合不拢嘴。不料想，老公于浩却接连出状况，本是一场欢欢喜喜的庆祝宴，结果却以吵架结束。

今天是梅子和于浩结婚一周年纪念日，“我在咱们第一次见面的西餐厅定了一个位子，今天下班我们好好浪漫一把，好不好？”一大早，梅子拉着老公的手，撒娇地说。“好好好，下班见！”于浩说完，拿起公文包出了门。

梅子高兴得合不拢嘴，一整天都傻傻地偷笑。“梅子，你中奖了，怎么这么高兴？”同事小王看到梅子正在偷着乐，拍了拍她的肩膀，“哎呦，你吓死我啦！啥中奖啊，今天是我结婚一周年的纪念日。”“是吗？难怪你这个小女人会笑成这样，是不是在想老公会送什么礼物啊？”梅子呵呵一笑，算是默认了。

梅子是个追求浪漫的人，结婚之初，她就与老公约定，以后每年的结婚纪念日都要在他们第一次见面的西餐厅庆祝，用她的话说，这叫“温故而知新”。还有，她喜欢百合，她告诉老公，结婚纪念日如果送花给她，一定要送百合，寓意百年好合。她不喜欢红玫瑰，因为它太妖艳。

魂不守舍地终于熬到下班，梅子一溜烟跑出了办公室，直奔西餐厅。时间尚早，于浩还没有来，梅子坐在位置上回想他们第一次见面时的情景：那天于浩穿着一件浅蓝色的T恤，一条深色的牛仔裤……

大概过了半个小时，于浩还没有到，梅子有点儿着急，按照以往下班的点儿，应该到了呀。于是，她拨通了老公的电话，“你到哪里了？”“啊？什么事？哦，我马上到，马上到。”于浩是一家IT公司的经理，工作特别忙，刚才要不是梅子打电话，他早把早晨妻子的特别“交代”忘得一干二净了。

于浩一路小跑出了公司大门，拦了一辆出租车，直奔西餐厅。在路上，他琢磨着结婚纪念日，怎么着也得给妻子买件礼物，一抬头，正好看见一间花店，便买了九朵玫瑰花，乐呵呵地进了西餐厅。

“你怎么才来，是不是给忘了？”梅子一见到于浩，便抱怨起来。“没，没有，哪能忘呢，这么重要的日子。”说着，于浩从身后拿出玫瑰花，“亲爱的老婆，你看这是什么？送你的礼物。”梅子看到玫瑰花，气更是不打一处来，“我说过不喜欢玫瑰花，我喜欢百合。你成心气我是吧？”

于浩一拍脑门，“哎呦，你看我把这茬儿给忘了，接到你的电话，我……”得，全露馅了，梅子的火气更大了，“于浩，我们结婚才一年，你就这样对我，以后还不知道怎么样呢！”她从挎包里拿出一个精美的盒子，“啪”的一声摔在桌子上，扭头就走了。那是她送给老公的礼物——LV牌皮带。

这件事之后，梅子对自己的婚姻感到非常失望，她常常后悔地跟朋友们说，“我真是不明白，为什么结婚后男人就变了，以前的甜言蜜语、含情脉脉哪儿去了?”

**很多结了婚的女人都会抱怨丈夫没有谈恋爱时浪漫。其实，不是丈夫变了，而是丈夫的爱变得具体了。**

有一种女人，她们希望自己永远是丈夫心中的白雪公主，希望丈夫永远像恋爱时那般温柔体贴，把自己当成他手心里的宝，拉着她的手，一起踏雪寻梅。在这个故事中，梅子是这种小女人的典型代表。

梅子追求浪漫，要求过于完美，希望丈夫在结婚纪念日好好陪陪她，送她一件称心的礼物。一旦丈夫没有满足她的要求，她就会偏激地认为，丈夫变心了，不再爱她了，理由是他不记得自己不喜欢玫瑰，喜欢百合；最不可饶恕的是，竟然把结婚纪念日这么重要的日子给忘记了。总之是丈夫种种“不良”行为，让梅子对丈夫失望了，对婚姻失望了。

看了梅子的故事，恐怕在现实生活中有很多女人会有和梅子同样的失落吧。我常常听到女伴们抱怨她们的男人：“自从我和他结了婚，他就变得心不在焉了。”“没结婚前，他嘴巴比蜜甜；结婚后，他的嘴巴就被蜜封住了。”“我以前发现他挺浪漫的，现在怎么这么木讷了呢?”……

于是，失落感油然而生，是越想越觉得自己被骗了，越想越觉得委屈。可是，你有没有静下心来想一想，你为何会失落呢？为什么你和他恋爱的时候是那么幸福，现在又对他这么失望呢？是因为你瞎了眼，选择的男人确实不尽如人意，还是你的心态出了问题呢？

和梅子有同样感受的女人通常会有几个共同点：

第一，太过于追求浪漫。她们把恋爱与婚姻等同，因为恋爱是浪漫的，所以，婚姻也应该是浪漫的，实际上，这是两个完全不同的概念，恋爱是什么，恋爱是一束火红的玫瑰；婚姻是什么，婚姻是一碗小米粥。婚姻比恋爱更实在，更具体。

换句话说，从恋爱到婚姻，男女双方的关系会越来越具体化。举个例子来说，恋爱的时候，男人会问心爱的女人，"宝贝，今天心情怎么样？"结婚后，男人通常会问，"午饭吃大饼还是馒头？"所以，你不能说，老公让你选择午饭吃大饼还是馒头，不是爱你的表现。同样是爱，只不过是表达方式变了，变得具体了。可惜，多数女人并不能接受这一变化。

第二点，要求过于完美。在这个故事中有一个细节，梅子记得于浩第一次与她见面时的穿着，从这个细节描写上，我们可以隐约读出另外一层意思，她希望老公也能记得她当初的穿着打扮。这是要求过于完美的最明显表现，这一点也是女人的通病。

追求完美，并没有什么不好，但是不能太苛求，否则，婚姻生活会像是一块没了水分的面包。规劝女同胞们一句话：一个太过执着的人，很少有幸福感；一个追求太过完美的人，很少有满足感。

第三点，不要过于敏感。很多时候，我们的婚姻本可以很幸福，不幸的是，太多的女人因为缺乏理性的思维，因为敏感，以自我的感受来判断自己的爱人、自己的婚姻，最终将美好的姻缘埋葬。

如果你认为你的智商没有问题，就不要轻易否定你面前的男人，因为他并没有变，要改变的应该是你自己。拥有一颗平常心，你会发现生活原来是这般美好，自己是那样的幸福。

# 家有“刁妻”才可爱

下班回到家，屁股还没坐稳，妻子撒娇地跑过来，“老公，背背我嘛！”强打精神，背起妻子，妻子在背上是可劲地撒欢，一个趔趄，差点儿摔倒。“行了行了，都老夫老妻了，别折腾了。”“不嘛，不嘛，我还没玩够嘛！”“你怎么这么任性！”……

“老公，帮我削个苹果吧。”高薇薇趴在齐斌的肩膀上撒娇地说。“你没看见我在看书吗？自己削吧。”“不嘛，我要你削，我削到手指怎么办？”高薇薇轻轻地摇晃着老公的肩膀，嘴巴噘得老高。

“好好好，我削！”齐斌没有办法，放下手里的书，帮妻子削了一个苹果。不一会儿，高薇薇吃完苹果，又凑到老公跟前，“老公，累了吧？我帮你捶捶背。”她说着便用小拳头在齐斌宽阔的肩膀上敲打起来，搞得齐斌不能安心看书。

“亲爱的，你能不能自己待一会儿，去看看电视，或者上上网？”高薇薇有点儿不高兴，气哼哼地，嘴里嘟嘟囔囔地走出了书房，没过多久，就躺在沙发上睡着了。等齐斌看完书，已经是两个小时以后，看到妻子躺在沙发上睡着了，有些生气，便用手推醒了她，“薇薇，你怎么睡在这里，感冒了怎么办？”

高薇薇揉了揉眼睛，看了看齐斌，有些不高兴，便一言不发，回到卧室里，倒头就睡。齐斌并没有看出妻子的不高兴，回到卧室，便躺下，很快睡着了。迷迷糊糊地，他听到高薇薇叫他，“老公，我好渴，你帮我倒杯水。”睡得正香的齐斌有些恼火，翻了个身，说了一句，“渴了，自己去倒。”便又睡着了。

第二天天亮，齐斌起床后，发现妻子不见了，出来寻找，妻子正坐在客厅的沙发上，眼睛哭得像桃子一般。“你，你怎么了？”齐斌有些慌乱。“你还问我怎么了？你对我一点都不好，我说口渴了，你为什么不给我倒水喝？”齐斌还以为是多大的事情，觉得妻子太小题大作了，便没有说话，简单收拾了一下，出门上班去了。

路上，齐斌是越想昨晚发生的事情，越觉得妻子太任性，像个没长大的孩子，想到这里，他心里不免有些生气。到了公司，同事老张看见齐斌拉着个脸，心事重重的样子，就问他："小齐，今天怎么是阴天啊？”齐斌勉强地挤出一丝笑容，把昨晚发生的事情详详细细地跟老张说了一遍。

老张今年五十多岁了，是公司里有名的情感专家。听完齐斌的叙述，老张装出一副很吃惊的样子，“你老婆蛮可爱的嘛，你怎么能说是‘刁妻’呢？”接着，他在齐斌的耳边嘀咕了几句，说得齐斌心花怒放。

下班回到家，齐斌特意买了一束玫瑰花给老婆大人赔不是。高薇薇一见到玫瑰，怒气便烟消云散了，撒娇地依偎在老公的怀里说：“老公，你知道吗？我好担心你会离开我，我希望你一直爱我。”

高薇薇之所以会这样担心，因为齐斌是个很优秀的男人，不仅人长得英俊潇洒，而且还是个博士生，当年追他的女孩子可以排成排，就是现在走在大街上，照样能赢得不少的回头率。齐斌明白了老婆的心思，便不再生她的气，开玩笑地说：“我发现家有‘刁妻’才真可爱。”高薇薇的小拳头像雨点一般轻柔地打在他的肩上。

**请不要一味地埋怨妻子小小的任性，她任性是因为在乎你，渴望得到你的爱与关怀。**

恋爱时，多数男人会把女人的任性看成是可爱，随着两人关系的进一步发展，成为夫妻后，男人会逐渐讨厌女人的任性，不再迁就女人的任性。这个变化也是两人感情进一步加强的表现，男人会认为都是两口子了，没必要还那么小儿科，而女人的想法却恰恰相反。

美国心理学家威廉科克的研究表明，女人任性是一种心理需求的表现。女性较重视两性关系，最害怕被抛弃。所以，她们在男人面前会表现得刁蛮任性、花拳绣腿，其目的不外乎希望能够引起对方的注意，渴望得到丈夫的呵护和疼爱。另外，女人也常常用这个办法试探自己在对方心目中的地位与分量。

现在，男人们应该明白妻子为什么在你的面前总要装出一副可怜兮兮、手无缚鸡之力的样子了吧？明白了这点，你还会觉得妻子是无理取闹、刁蛮任性吗？其实，你真的应该感到幸福，因为你有一个很在乎你的妻子。我想天下哪一个男人都不希望自己的妻子在别的男人面前任性、撒娇吧？

当然，有些女人的刁蛮任性可能是受后天环境因素的影响，比如从小娇生惯养，在家人的溺爱中长大，在这种环境中长大的人往往比较自私、任性。女人任性固然有可爱的一面，但是也应该懂得分寸，适可而止，否则就会过犹不及。一个有魅力的女人应该深谙任性的技巧与分寸。

你可以在丈夫闲暇之余、喝茶的时候，和他撒撒娇，让他帮你倒杯水，捏捏肩膀，捶捶背，或者噘起小嘴说，“老公，我想吃必胜客嘛！”这种刁蛮中透着可爱的任性可以成为两性关系的调料，丰富夫妻生活，增加生活情趣，让丈夫对你怦然心动。

但是，若是在丈夫为工作忙得找不到北的时候，你非要缠着他做这做那，他就会非常反感，弄不好，还会和你大吵一架，认为你是一个一无是处的女人。也许，你只想让他注意到你，却没想到点燃了火药桶，所以，任性也应该挑对时间，挑对场合。女人应该记住一句话：男人可以容忍包容你一时的任性，但不会纵容你一世的任性。

在现实生活中，我们也会常常看到有些男人对妻子的话唯命是从。如果男人心甘情愿这么做也罢，如果心有不甘，则势必会影响夫妻感情。这样的男人如果想“翻身农奴做主人”，首先应该认识到一点：妻子的任性是你娇惯的结果。

不是有一句话叫“勤劳男人的背后必有一个懒惰的女人”

嘛。如果你的宽容和忍让有一定的限度，我想你的妻子是不会步步为营的；正是你的退让，给了妻子正面的强化。所以，要想改变妻子，先从改变自己开始吧。

话说回来，无论妻子是否任性，只要你们感觉幸福、快乐就好，那样婚姻就是美满的。毕竟，人们感受幸福的方式是不一样的。

# 娶了一个“祥林嫂”回家

忙碌了一天，终于可以回家好好休息了，刚一进门，妻子就劈头盖脸地评判了一通，这也不对，那也不对，好心情早被妻子的唠叨一扫而光。于是，男人摔门而出，仰天长叹：天呀，我怎么这么倒霉，娶了一个“祥林嫂”回家。

“哎呀，你怎么空着手回来了？我不是告诉你家里没盐了吗？下班的时候顺便买点回来。”曹大伟刚一进家，媳妇小慧就唠叨起来，他一摆手，“多大个事儿，不就是一包盐，我下去买就是了。”转身下了楼。

不大一会儿工夫，曹大伟领着两包盐回来了，“老婆，给，买了两包。”“这么快？你在哪里买的？是不是楼下的商店？”曹大伟“嗯”了一声。“谁让你去那里买？我听人家说，那个商店的东西质量有问题。你多走两步，马路对面不就有一个大超市嘛！真是的。”

小慧一边唠叨，一边拿着盐去了厨房，曹大伟便忍住火气，没再出声。就在他以为妻子会偃旗息鼓之时，小慧又从厨房走了出来，盯着他看了半天。突然间，曹大伟猛地想起，老婆今天早晨刚刚规定：不许在家里吸烟。于是，赶紧把叼在嘴里、还没来得及点燃的烟乖乖地放下了。

“曹大伟，你是不是把我的话当成耳旁风啊？每次我说过的话，你总是不记得，让你买盐，你忘得一干二净；不让你抽烟，你也不记得。怎么回事呀？”劳累了一天，在被妻子这么一唠叨，心里十分不爽。“这么点小事，至于唠叨个没完吗？”说完，他便想去书房，躲清静，刚一起身，小慧像发现新大陆似的，把目光集中在他的鞋子上，“你怎么进来不记得换拖鞋？你看看，我刚拖完地，就被你搞得乱七八糟的。”

从进门开始，曹大伟就不停地被妻子唠叨，一忍再忍，终于爆发了，“于小慧，我真后悔把你娶回家！要是这样，我还不如直接娶个‘祥林嫂’算了，整天婆婆妈妈、唠唠叨叨，我的耳朵快被你唠叨聋了。”“曹大伟，你嫌我唠叨，别回家呀，住单位宿舍，没人唠叨你！”曹大伟一生气，拿起外套就回了单位。小慧委屈地哭了，想想这几年自己的辛苦付出，眼泪像断了线的珠子，一串串地掉在地板上。

曹大伟与于小慧结婚快三年了，两人结婚不久，于小慧就怀孕了，曹大伟便让妻子辞了职，安心养身子。女儿出生后，于小慧便做起了全职太太，相夫教子。以前是白领丽人，现在是全职太太，巨大的变化，让于小慧一时难以适应。

也就是从那时起，于小慧变得婆婆妈妈、唠唠叨叨。她一会儿要嘱咐女儿，“小心点，别摔倒了，别碰暖水瓶！去厕所要叫妈妈。”一会儿她又要提醒丈夫，“快点起床，上班要迟到了，上班的时候别忘记带公文包、手机。”起初，小慧自己都觉得烦，都觉得累，以前自己是坐办公室的，工作相对轻松，一天说不了几句话，现在倒好，一天到晚嘴巴嘚啵嘚啵说个不停，还不招人待见。

曹大伟和妻子吵了架之后，就搬回了单位的集体宿舍，一连几天都不回家，眼看着小夫妻的感情亮起了红灯……

**如果每个男人都能了解妻子爱唠叨背后的原因，如果每个女人都能选对时机来唠叨，那么，唠叨也会成为爱的甜蜜。**

看了曹大伟与于小慧的故事，相信会有很多男人拍着大腿说：“爱唠叨的女人太讨厌了！我老婆也爱唠叨，一天到晚吹毛求疵……”男人最怕遇到爱唠叨的老婆，可是大多数男人的命都不好，老婆都爱唠叨。

的确，忙碌了一天，回到家，又要接受妻子领导似的“训话”，确实很烦，怎么办？三十六计走为上，我躲起来总该没事了吧？实话告诉你，这招相当糟糕，轻则会让老婆揪着耳朵，变本加厉地数落一顿；重则风起云涌，大战三百个回合。

于是，有些男人就不明白了：我处处让着你，你怎么还没完没了呀？因此，便会坚持认为妻子是无理取闹、不可理喻。其实不然。下面让我们来揭开妻子爱唠叨的神秘面纱。

首先声明一点：女人爱唠叨有理。因为语言学家和心理学家观察发现，女人除了拥有比男人更会说话的大脑硬件外，从原始社会父系时代，男外女内的风俗形成开始，女性更多留在家中和孩子及同伴沟通交流，所以，女人的语言比男人更“丰富”，自然说得就多。

其次，心理学家观察发现，女人爱唠叨是一种心理需求，在唠叨的背后往往隐藏着更深层次的含义，没有被听者理解。细心的人会发现，生活压力大、紧张焦虑、家务缠身的女人特别爱唠叨。在这个故事中，于小慧以前是一个白领，一下子成为全职太太，角色的转变，让她很难适应，再加上照顾孩子，料理家务，琐碎的事情太多，才导致她由一个“闷葫芦”转变成“祥林嫂”。

刚才，我提到为什么说妻子在唠叨的时候，丈夫选择逃之夭夭，是非常错误的选择呢？因为更多时候女人爱唠叨是渴望和别人交流，缓解压力，让丈夫知道自己为这个家庭付出了，希望能得到丈夫的体贴和认可。

特别是一些家庭主妇，她们因为种种原因，暂时不能上班，需要在家照顾孩子，操持家务，她们很担心丈夫会认为自己为这个家付出的少。此时，丈夫一旦逃之夭夭，便如同火上浇油，使妻子更加不满。

那么，面对唠叨的妻子，丈夫该怎么做呢？很简单，只需要你静静地倾听，此时她只需要一个忠实的听众而已，她的要求并不高，但是很多男人却忽视了这一点。

不过，话说回来，一天到晚在耳根子边喋喋不休确实很烦人，所以作为女人，也需要改变策略，才能让你的丈夫成为你忠实的听众。

第一，当发现丈夫心情不高兴，或者刚下班回家时，请选择闭紧嘴巴。

第二，不要对一件事情反反复复地说，这样再有耐心的人也会被你激怒。

第三，心里有压力、不满，也可以通过写日记的方法倾诉出来，不一定非要用语言表达出来。

婚姻需要经营，爱人需要理解，多站在对方角度想一想，一切的矛盾都将云开雾散。

## 老公变成了木头人

不知从何时起，老公变得沉默寡言，与他说话，总是以“嗯、啊”作回应，当初那个巧舌如簧、能言善辩的小伙子哪去了？自己怎么选了一个木头人？

开办公司以后，陈海江身上的压力越来越大，公司成立快一年了，一直亏损，再这样下去，只能拿房子作抵押，向银行贷款，以维持公司的运转，可万一效益不好，房子也被银行没收了，以后老婆和孩子该怎么生活啊？陈海江不停地吸着烟，在房间里踱来踱去。

“老公，我和妞妞回来了。”陈海江的妻子陶然带着两岁的女儿从娘家回来。陈海江正在为公司的事情发愁，没听到妻子的喊声，陶然见老公不作声，有些不高兴。“妈妈，好呛!”房间里烟雾缭绕，呛得妞妞不停地咳嗽，这下彻底激怒了陶然。

“陈海江，你在做梦吧？跟你说话你不吭气，还把房间弄得烟雾弥漫，你没听见妞妞都咳嗽了吗？”妻子这么一嚷，陈海江的思绪被打断了，赶紧掐灭了烟蒂。“喂，你倒是吭个声啊！从我们娘儿俩进门到现在，你一句话都不说，不欢迎我们回来是吧？”陶然是个急脾气，她最受不了丈夫这一点——不爱说话。

“嗯。”过了好一会儿，陈海江才从鼻子里哼出点声音，“陈老板，你牛气了是吧，你根本没把我当成你的妻子，有什么事情从来不跟我说。”陶然的火气越来越大，陈海江听到妻子叫他老板时，心里很不是滋味，甩下一句“公司有事，我先去办事了”，便出了门。

丈夫的表现让陶然失望极了。其实，陶然这次回娘家小住了一段日子，就是因为与陈海江闹了点不愉快。她发现丈夫不知道从什么时候开始，变得沉默寡言了，和他说话，他爱理不理的；问他公司里的事情，他也总是模棱两可，再问，丈夫就会说，“公司有我，你放心吧。”

可越是这样，陶然的心里越是不安，七上八下的。本想回娘家住一段时间，缓和缓和两人的关系，不是说“小别胜新婚”嘛。没想到，一回到家，丈夫还是老样子，这让陶然心里很不是滋味，想着想着，眼泪就流了下来。

就在这时，门铃响了，陶然开门一看，是好姐妹汪青。

“哟，怎么我来得不是时候吧，你看你这梨花带雨的，跟陈老板吵架了？”汪青见陶然的情绪不对，打趣地说。陶然便将自己的烦恼一股脑地告诉了汪青，“你说谈恋爱的时候，他不这样啊，现在怎么跟一块木头似的。”

“你没听说一句话，男人心似海深嘛。男人不说话，多半是心里有鬼。”汪青是个直肠子，说话直来直去，陶然被汪青搞糊涂了。“我跟你说，我们单位有一个同事，她老公前段时间也跟你老公一样，玩深沉，结果，你猜怎么样？外面有人了，我可告诉你……”

听完汪青的一番话，陶然坐不住了，拉着妞妞直奔老公的公司，一场家庭大战一触即发……

**男人不爱说话，选择沉默，多是因为有心事，不想让女人为他担心，并不是女人认为的没把你当自己人。**

无论是在工作中感到压力，还是在生活中受了委屈，女人多会第一时间把压抑在心里的委屈、不满，讲给丈夫听，因为他是女人最信任的人，从丈夫那里可以得到安慰与呵护。所以，女人会认为，男人在外面遇到什么事情，也肯定会第一时间将烦恼告诉自己，因为你是他的爱人。

其实，这种想法只是女人的一厢情愿。搜狐健康频道曾作过一项名为“你的心事向谁说”的调查，调查结果显示：网友选票最高的一项是憋着不说（13.52%），其次是向异性朋友（红颜或蓝颜知己）吐露心声（12.18%），最后是对老公讲心事（11.21%），而同时选择向老婆交代心事的只占总选票的1.97%。

这个结果是不是让你很意外？那么，男人为什么不愿意将自己的想法告诉自己的妻子呢？这是因为男人和女人处理问题的方法大有不同——女人喜欢分享情感，而男人则注重解决方案。

细想一下，更多时候，你和闺密聊得最多的是不是你生活中的高兴事或者伤心事，你说出来，只是想与朋友分享你的感受。而男人聊得最多的可能是工作上一些尚待解决的问题，告诉朋友，是想获得一些好的建议。

那么，你知道男人会在什么事情上不愿意告诉自己的妻子吗？在本节故事中，陈海江的沉默寡言是因为工作压力，公司经营不善，之所以不会告诉妻子，一方面是因为怕她担心，另一方面，通常男人会把事业、责任看得很重，说出事情之后，他担心会被妻子看不起，让自己很没面子。

而陈海江的妻子陶然则觉得我们是夫妻，就应该有难同当有福共享，你不愿意说是因为没把我当成你的妻子，是因为你不信任我。对问题的理解有不同，造成夫妻产生隔阂，再加上好友汪青的添油加醋，最终引发夫妻战争。

除了工作上的事情外，男人会把过去的恋情包裹得严严实实的，而这个话题往往是女人最感兴趣的事情，听到一点风声之后，她常会有意无意地在她的丈夫面前提起，“听说当年你谈了一个女朋友，挺不错的，说来听听。”

对于这个问题，男人多会躲闪，避而不谈，或者找借口离开。究其原因有两个：一个是男人在感情上其实比女人小气得多，他不想让妻子知道自己的过去，是担心自己的妻子以此为借口，作出一些“出轨”的事情；另一个原因是男人担心自己的表述不清，反而会让妻子起疑心，造成“此地无银三百两”的局面，无法收拾。

当然，男人不喜欢表露心事，也有可能是性格所致。但无论哪一种情况，妻子都应该明白丈夫选择缄默是有理由的，如果你询问后，他不愿意回答，就给他留一些自己的空间，而不是像陶然一样胡乱猜想。

## 夫妻吵架不翻旧账

咦？我说的是你没洗臭袜子，你怎么说到我的初恋上来了？你不是也有一个吗……很多夫妻之间的争吵往往都是因为一件小事引起，争吵之后，冷静下来，竟然不知道当初为何而吵，反倒是沉溺于对过去往事的抱怨中。

晚上九点多钟，姚红结束了一天的工作，拖着疲惫的身体回到家。“老公，宝宝睡了吗?”她轻轻地问。唐冲将食指压在嘴唇上，“嘘！刚睡着。”“睡前洗澡了吗?”“本来我想给她洗，见她困得不行，就没给她洗。”“怎么能不洗澡就睡觉呢?这么热的天，她在幼儿园玩了一天，又脏又臭的。”姚红的话中带着些许责备。

唐冲有些不高兴。自从姚红当上领导之后，女儿的吃饭穿衣、接送，全都唐冲一个人包揽，忙碌了一天，妻子不表扬不说，还责备自己，他就带着怒气回敬了一句，“你有时候不也不给她洗澡就睡觉吗?”“唐冲，明明是你错了，你还有理了?”老公的反驳，让姚红的火气更大了。

“我怎么没理，你说说自从你当上领导，你管过孩子，管过我吗？现在想吃上一顿你做的饭都难。”“我为什么？这么辛苦还不是为了这个家吗？希望女儿过得好一点儿。如果你要是个大老板，一年赚上几百万，我立马把工作辞了，伺候你，照顾孩子！”“姚红，你什么意思，你是不是还想着你的老相好的呀？想他，你找去好了。”

原来，姚红在与唐冲结婚之前，与一个拍卖行的老板相处过一段时间，后来，因两人性格不合，分手了。这件事唐冲本来是不知道的，在两人结婚两周年纪念日的时候，姚红向唐冲坦白了。她觉得既然两个人结了婚，就应该以诚相待，没必要隐瞒。

姚红一看唐冲把陈年的往事都翻出来了，也不甘示弱，“唐冲，今天你把话说清楚，你是不是看我不顺眼?”正在气头上的唐冲脱口而出，“是，又怎么样，我娶的是妻子，不是领导。你看看你现在还像是个女人吗？不做家务，不带孩子，不照顾老公！”“你别跟我兜圈子、玩弯弯绕，你不就是想说我不温柔吗？要想找个温柔的，你娶我干什么，你应该娶曾晓琴。现在后悔了？你去再把她找回来啊！”

听到曾晓琴的名字，唐冲立刻哑口无言了。曾晓琴是他的初恋情人，两人恋爱了三年多，后因曾晓琴随父母移民到了加拿大，他们俩的恋情才无疾而终。可这件事情他从来没跟妻子提起过，她是怎么知道的呢？

姚红见唐冲不说话，更加理直气壮，“怎么不说话了，理亏了是吧？看你就是个道貌岸然的家伙，你以为你不说，我就不知道啊！实话告诉你，就连我们婚后曾晓琴给你打过几个电话，我都门儿清……”

姚红觉得自己抓住了老公的把柄，是越说越起劲。唐冲气得满脸通红，说不出话来，并感觉头发晕，突然眼前一黑，栽倒在地上。结果，唐冲因急火攻心，导致血压陡升，住进了医院。

**夫妻吵架翻旧账是消极的心理防御机制在作怪。**

姚红与唐冲吵架的场景是许多夫妻真实生活的写照。夫妻争吵往往是因为一件小事，吵着吵着，就由家庭小矛盾上升到了两人斗争的层面上来，一发而不可收拾，轻则赌气、互不搭理，重则拳脚相加、离家出走。在这个故事中，唐冲因妻子的咄咄逼人，引发了高血压，住进了医院，可谓是既伤心又伤财，损失惨重啊！

同住一个屋檐下，偶尔有些磕磕绊绊在所难免，可是为什么很多家庭的小矛盾最终会演变到硝烟四起失控的局面呢？罪魁祸首就是翻旧账，把陈芝麻、烂谷子全都抖出来晒一晒，怎能不使矛盾升级呢？

那我们不禁要问：夫妻吵架为什么爱翻旧账呢？这是心理防御机制在起作用。人们在心理冲突、挫折和应激后会产生焦虑和痛苦，为了减少或避免这种焦虑和痛苦，人们在心理上会产生一些自我保护的方式，而心理防御机制便是其中最主要的一种。

心理防御机制分为积极的防御和消极的防御，积极的心理防御机制能暂时减轻或消除痛苦和焦虑，对情绪有缓解作用；消极的心理防御机制则不能使问题真正得到解决，而是带有一种掩耳盗铃式的自欺欺人，就像鸵鸟把头埋在沙堆里，当作看不见一样。

显然，夫妻吵架翻旧账是消极的心理防御在作怪。在这个故事中，唐冲辛苦地带孩子，不仅没得到妻子的表扬，反而受到批评，虽然没给孩子洗澡是自己不对，但理亏的唐冲觉得很委屈，便将妻子的过失一一列举，以达到心理的平衡。同样，姚红也觉得委屈，“我工作这么辛苦，是为了这家呀!”与丈夫据理力争，并且言外之意透露出对丈夫的不满，“你要是个大老板，一年赚上几百万，我就不上班了。”

妻子的这番话，说到了唐冲的痛处，理更亏了，为了挽回面子，便拿出杀手锏——有本事找个老板去。可他不曾料想，妻子也有杀手锏，那就是提起他当年的初恋——曾晓琴。夫妻两人的旧账是越翻越多，矛盾不断升级，结果导致唐冲的血压陡升，住进了医院。

在现实生活中，我们会发现，夫妻吵架翻旧账，往往是因为一方理亏，在某件事情上做错了，但碍于面子，不好意思承认错误，便以翻旧账的方式进行反击。结果，夫妻两人你数落我过去的不是，我唠叨你曾经的不对，使矛盾变得不可调和。

翻旧账是最容易伤感情的，况且有些旧账是坚决不能重提的，它很有可能是对方埋在心底无法愈合的痛，每提一次，伤口就会更痛一次。即便是陈芝麻、烂谷子的小事，积少成多，也是很可怕的。所以，夫妻吵架切不可翻旧账，就事论事，矛盾就好解决多了。

民间流传这样一句顺口溜：“天上下雨地下流，小两口打仗不记仇。”生活在一起的夫妻，没有不吵架的，但只要彼此多包容一些，多忍让一点，凡事都好商量。

## 打是亲骂是爱，夫妻越吵越相爱

天下夫妻从不吵架，相敬如宾到老，实乃少之又少，多数夫妻是从床头打到床尾。同是吵架，有人是越吵越亲，越吵越爱；也有人是打断骨头打断筋，打到法院闹离婚。

周末的下午，刘静打电话约同事金宁宁一起去逛街，电话刚一接通，里面就传来一阵嘈杂声，有争吵声、有摔东西的声音，不用说，肯定是爆发了家庭“内战”。同事的家里闹成这样，作为同事，岂能袖手旁观。刘静只好赶来救火。

金宁宁与安旭东结婚快三年了，三年来，两人是大吵三六九，小吵天天有。而且两人都是急脾气，点火就着，一吵起来就不分青红皂白，什么难听的话都说出口，捡着什么东西都摔，每次吵完之后，家里是一片狼藉。

刘静火速赶到金宁宁家，房门虚掩着，她便推开门走了进去，刚一进门就差点儿被脚底下的键盘绊了一个跟头。房间里像是刚刚被人打劫过的一样，衣服、被子、枕头、水杯、相册统统躺在地上，金宁宁披头散发地窝在沙发里低声哭泣；安旭东则蹲在墙角，背对着金宁宁，吧嗒吧嗒抽着烟。

“哟，你们俩这是怎么了？”金宁宁见刘静来了，有点儿不好意思，忙用手背擦了擦脸上的眼泪，“不好意思，刚刚吵架了。”安旭东“嗯”了一声，低头开始收拾地上的东西。“嗨，哪对夫妻不吵架？俗话说打是亲骂是爱，不吵不相爱。我跟老陈也吵。”刘静能说会道，几句话就缓和了尴尬的局面。

“吵是吵，谁会吵成我们家这样，我看是过不下去了。”说着，金宁宁又哭了起来。安旭东见妻子在外人面前哭，心里有些恼火，“行了行了，还不够丢人的，哭什么呀？”见此情况，刘静赶紧打圆场，“宁宁、旭东咱们都是老熟人、好朋友了，论年龄来说，我比你们大几岁，婚龄也比你们长，我这当姐姐的，得说你们几句。”

刘静边说边招呼安旭东过来一起坐，“天下的夫妻没有不吵架的，但吵架也有吵架的方法，你们不能一吵架就像打仗一样，把家里搞得乱七八糟。你们吵成这样，问题解决了吗？”“还解决什么问题，我一说他，他就犯牛脾气，我哪里还敢说。”金宁宁首先抱怨开了，“你脾气好，不大点儿事就跟我嚷，跟个疯子似的乱丢东西。”安旭东马上回敬了妻子一句。

“你们这样吵下去，早晚得离！”见夫妻两个依然不相让，刘静不客气地说出了一句话，两人马上安静下来，“我和老公也吵，但我们吵架是为了解决问题，意见不一致，发生争执。你们两个吵架是想着法子打败对方。”

刘静的这句话说到了点子上，金宁宁噘着嘴巴说，“谁让他那么凶嘛，一点儿不懂得让着我。”安旭东不好意思地低着头，小声地嘀咕，“这不是年轻气盛嘛！”见两人认识到了错误，刘静接着说，“旭东，你别看宁宁表面上歇斯底里，像是跟你故意找茬儿，其实，她是希望你多疼她一点，多爱她一些。”“刘姐，你别说了。”金宁宁不好意思地拉了拉刘静的衣角，安旭东也傻呵呵地笑了。

**夫妻之间偶尔吵架是好事，既有利于增强夫妻感情，又有利于身心健康，但前提是需要把握吵架的原则与技巧。**

日常生活中，常听到人们这样夸奖感情好的夫妻：从来没红过脸，结婚多少年来一直相敬如宾。也许现实中真的有这样的夫妻，但绝对是极少数。有些夫妻是从来不吵架，可不一定是感情好的表现，恐怕是哀莫过于心死吧。这是最可怕的，比起他们来，偶尔吵吵架、斗斗嘴，可谓是幸福之事啊！

所以，我一直认为夫妻吵架是好事，只要不是无理取闹，本着解决问题的角度出发，对增进夫妻感情绝对有帮助。也许很多人并不知道，吵架还有一个好处，那就是促进身心健康。据美国一项历时 17 年的心理研究发现：夫妻闹矛盾时，吵架可能更有益身心健康，压抑愤怒的夫妻日后的死亡率是表达愤怒的夫妇的五倍。由此看来，夫妻吵架还是一举两得的好事。

那么，夫妻之间为什么要吵架呢？总结一下，无外乎两点，一个是外界因素的刺激，比如事业发展不顺、工作压力大、同事关系紧张等导致心情不好。这种情绪压抑在心里会非常难受，人们总会找一种途径发泄。

有一句话说“爱人永远是避风的港湾”，自然爱人就成了发泄紧张焦虑的最好对象。所以，当你的爱人下班回到家，莫名其妙地跟你找茬儿，你最好选择宽容、忍让，因为他（她）多半是在外面遇到了不愉快的事情。

除了外界的刺激外，内因也是导致夫妻吵架的重要因素：由于两个人来自不同的家庭，从小成长的环境、成长的经历不同，再加上男人和女人思考问题的方式不同。男人来自火星，女人来自金星，长期生活在一起，难免会发生马勺碰锅沿的事情。夫妻相处就好比河蚌磨珍珠，需要不断地磨合和调试，才能使婚姻变得像珍珠一样美丽、绚烂。

金宁宁每次与老公吵架，都会歇斯底里般怒吼，乱丢东西。从表面上来看，这是一种情绪的宣泄，但在情绪的背后还隐藏着一种情感需求，那就是希望得到老公更多的疼爱，渴望老公的亲近。特别提醒男士们，当你的妻子用侵略、攻击的行为来表达她的愤怒时，多是因为你爱她不够，她可能受了很多委屈，她被忽略了，没有得到应有的尊重。此时，让她安静下来的最好方法是紧紧地将她揽在怀里，告诉她，你有多爱她。因为夫妻之间最强有力的沟通是肢体语言。

另外，女人歇斯底里还有一个重要原因，那就是男人的沉默、逃避。有些男人只要看到妻子发脾气，立马消失，这样做不仅于事无补，只会使夫妻感情越来越紧张。良好的婚姻需要沟通。其实，很多时候妻子是很想知道老公的想法的，哪怕是观点和她背道而驰，都比面对一个选择逃避、沉默的老公要好得多。

当然，夫妻吵架最好还是温和一点的好。像金宁宁一样，每次吵架都把家里搞得乱七八糟，既浪费银子，也要花费时间收拾，十分划不来。建议大家在和爱人吵架时，不要只关注矛盾的起源，或者只看爱人的外在表现。你既要清楚爱人话语的表面意思，又要读懂“弦外之音”，还要深挖吵架背后对方的心理需求是什么。只有这样，才能吵得有水平，吵得艺术，吵得相亲相爱。

# 孕期，女人看好你的老公

妻子怀孕了，“我要做爸爸了”，这是多么幸福的事情。然而，还没等男人细细品味幸福的滋味，一种说不出的酸楚油然而生：妻子爱孩子胜过爱我，妻子不让我与之亲热。这样，自己俨然成了“出家和尚”，孕期漫漫无绝期，岂是一个苦字了得？

芳玉结婚半年后，有了身孕，老公占强得知妻子怀孕的消息后，抱起芳玉在房间里转了一个大圈，高兴地喊："我要做爸爸了，做爸爸了。"占强是独生子，已经年过三十，他的父母一直盼望着早点抱孙子，听说儿媳怀孕了，老两口乐得合不拢嘴，一家人都把芳玉当成重点保护对象，什么事情都不要她做，让她安心养胎。婆婆还特别交代，"女人怀孕头三个月非常重要，千万要休息好，切不可动了胎气。"

一家人的细心呵护让芳玉非常感动。有老公的体贴、公婆的疼爱，还有一个即将出世的小宝宝，芳玉觉得自己是世上最幸福的女人。初为人母，芳玉不知不觉就把注意力集中在了腹中的胎儿身上，早晨起床后，她会抚摸着肚子，陪宝宝说话；晚上睡觉前，她会放胎教音乐给宝宝听。渐渐地，她冷落了占强。

在妻子怀孕一段时间后，占强的情绪也发生了很大的变化，从最初的惊喜、幸福到现在的冷落、嫉妒，他觉得在妻子的眼里，只有宝宝，没有了自己。一天晚上，占强辗转反侧睡不着，突然他一把搂住妻子，疯狂地吻着妻子。芳玉被老公突如其来的举动吓坏了，使劲地护住自己的肚子，大声呵斥老公，"住手，不要伤害到宝宝。"

芳玉的喊声让占强恢复了理智，他扫兴地爬起来，坐在床边，唉声叹气。"你怎么能这样？万一伤害到宝宝怎么办？"妻子这句话让占强更加醋意十足。"你就知道宝宝，可曾想过我？自从你怀孕，就拒绝和我亲热，我是男人啊！""宝宝才是最重要的，我可以忍受怀孕带给我的种种不适，你就不能为宝宝作出牺牲吗？"芳玉十分不解地质问占强，占强被问得哑口无言。

从那天起，芳玉便提出和占强分房睡，占强虽然不同意妻子的做法，但看到妻子态度之坚决，只能遵从。自从夫妻分房睡之后，芳玉发现老公老实多了，不再对她动手动脚的了，她暗暗窃喜。然而，接下来发生的事情，却让她始料不及。

一天晚上，芳玉起床去卫生间，发现老公的房间还亮着灯，便轻轻地走了过去，结果却发现老公正在与一个年轻的女人视频聊天。“占强，你怎么能作出这种事情？在我怀孕期间，你深更半夜跟一个女人聊天，算怎么回事儿？”芳玉边说边哭。听到吵闹声，公婆也赶了过来，也数落占强的不是。

为了看住占强，芳玉将老公请回了卧室，但依然不让占强碰她。占强看着妻子，却不能“为所欲为”，更加欲火中烧。而芳玉自从抓住老公“出轨”的把柄之后，把老公盯得紧紧的，下班晚一会儿，就会查岗，令占强十分不满。渐渐地，小两口的矛盾越积越多，时不时地就会摩拳擦掌一回，家里再没有了以往的安宁与祥和。

**女人怀孕期间是男人最容易犯错误的时候，此时的男人最需要理解，最需要关怀，最需要体谅。做好这“三最”，方能平稳地度过婚姻的波动期。**

妻子怀孕对丈夫而言，是一件非常开心而幸福的事情，但是，随之而来的是无尽的烦恼，妻子会将注意力从丈夫的身上转移到孩子身上，丈夫会有一种被冷落、被忽视的失落感。还有，妻子会因为怀孕带来的种种不适，出现焦虑、烦躁情绪，并把这种不良情绪发泄到丈夫身上。男子汉大丈夫嘛，这些都好说，最不能容忍的是妻子拒绝亲热。

在这个故事中，芳玉与占强的矛盾根源无外乎以上三点。导致占强作出情感“出轨”的直接原因是芳玉拒绝过性生活，而芳玉并没有意识到这一点，她全身心地投入到做妈妈的准备当中去，却忽视了丈夫的需求。

其实，在现实生活中，很多女人都会犯和芳玉同样的错误，她们会认为自己可以为孩子牺牲一切，可以忍受怀孕带来的种种不适，可以忍受体形的变化，可以忍受没有性生活。同样，丈夫也应该作出相应的牺牲。

可事实上，男人与女人不一样。科学试验表明，男人每六分钟就会产生一次性幻想。如果有很长的一段时间里夫妻之间没有性生活，而且男人每天还要面对近在眼前的妻子，却不能有任何的“非分之想”，这是他们所不能忍受的。如果此时身边出现主动投怀送抱的女人，男人往往会产生一夜情的冲动。

调查发现，在整个婚姻生活中，孕期是最考验夫妻关系的，是男人最躁动不安的时期。很多男人在妻子怀孕期间被发现“出轨”之后，请求妻子原谅时，通常会说：“我一时糊涂。我根本不爱她，我爱的依然是你。”对于这样的回答，妻子更会认为丈夫是不可饶恕的。

这是因为男人与女人在看待性与爱的问题上，观点是截然相反的。在多数男人看来，爱是一回事儿，性是一回事儿，一时的出轨，与爱无关，只是性的需要。但妻子则认为性与爱是不可分割的，出轨就是对爱的背叛。

讲性与爱这个问题，是想提醒女同胞们，在丈夫出轨后，应该保持清醒的头脑，且不可一时冲动，毁掉了原本可以将幸福继续延续的婚姻。如果你还深爱他，他也深爱你，就请你给他一次救赎的机会，他并不像你想象得那样不可救药，何况他的出轨也有你的责任。

当然，无论男人找何种借口，出轨都是错误的，都会给夫妻感情造成一定的伤害。避免这一情况的发生，夫妻之间要相互理解，共同努力。妻子要理解丈夫的苦衷，丈夫也要理解妻子的难处。女人在怀孕之后，荷尔蒙会发生改变，使性需求减弱。对于这一点，丈夫应该有所认识。

另外，女人不能只关注自己和孩子，冷落了丈夫，让他忍受禁欲的折磨。其实，怀孕并不意味着不能进行性生活。虽然孕期的前三个月和后三个月不能过性生活，但中间四个月是安全的；只要注意姿势和力度，夫妻之间是可以享受甜蜜的性生活的。

即便是在怀孕的关键时期不能享受性生活，但通过爱的表达，依然可以让丈夫获得满足，比如拥抱、亲吻、抚摸，这样会让丈夫觉得妻子还是在乎自己的，两人的感情会更加牢固。这也是防止丈夫“出轨”的甜蜜法宝。

总之，女人应该认识到，丈夫出轨固然不对，但如果不是自己将丈夫推出自己的怀抱，丈夫又怎么会投入她人的怀抱呢？

# 儿媳不是闺女，婆婆不是妈

刚结婚那会儿，婆婆说，她会把我当闺女一样看待，我心里那个感动啊，发誓待婆婆要像待自己的亲妈一样好。可是，婆婆有什么话从来都不直接对我说，而是通过老公告诉我。渐渐地，我说话也变得小心翼翼了。

一天，露露下班回家，听到婆婆与邻居张阿姨在聊天，“就我这儿媳，每天对我使唤来使唤去的，一点儿都不懂得尊老。哎！我命苦啊，碰到这么一个儿媳妇。”可能是两位老人聊得太投入，没有看见露露进来。

听到婆婆这样说自己，露露面子上挂不住了。她是个心直口快、急性子的人，推门就进了婆婆的房间，“妈，您说我怎么不懂得尊重你了？我哪点做得不好，您可以说呀，干吗在外人面前说我的不是。”

两位老人见露露进来了，吓了一跳，婆婆先是一惊，然后不紧不慢地说：“你进我的房间不敲门，在外人面前质问婆婆，就是对我的不尊重。现在张阿姨都看到了，还省得别人说我说谎了。”婆婆的一番话把露露气哭了，她委屈地说：“我平时怎么对您的，您不清楚吗？自从结婚那天起，我就把你当成我亲妈一样，可您怎么能这么说我呢？”

张阿姨见两人越吵越凶，马上打圆场，“都是误会、误会！露露，你婆婆也没说你什么坏话。大姐，你也别跟年轻人计较。露露挺好的，比我儿媳好多了。”就在这时，严冬下班回来了，见露露与妈妈剑拔弩张的样子，心中就明白了八九分。张阿姨见严冬回来了，赶紧趁机溜了。

“严冬，你来评评理，我哪里对妈妈不好了，她跟外人说我不尊重她，使唤她。”露露哭着跑向了严冬，一脸的委屈。婆婆也不甘示弱，“严冬，你在这儿正好，以免说我欺负你媳妇。让你说说，自从你们结了婚，一天三顿饭，哪一顿不是我做，露露有没有帮我择过菜？”

严冬站在老婆与母亲中间，左右为难，见此情景，他先把露露拉回了房间，然后跑出来，安慰母亲，安慰好母亲，又跑回去安慰老婆，两头说好话，才让两个吵得不可开交的女人暂时安静了下来。第二天，露露一大早就上班去了，婆婆做的早餐也没有吃。婆婆一见儿媳不吃自己做的饭，唉声叹气地对儿子说，“要是跟闺女吵一架，她肯定不会记仇，看来她还是没把我当成妈呀！”

到了公司，露露把昨天发生的事情告诉了自己的同事玲子，“其实，我一直把婆婆当成自己的妈。我在我妈那里，想吃什么就直接跟我妈说，一天三顿饭也是我妈做。我觉得既然婆婆也是妈，她就不会怪我，可她却说我不尊重她。”

玲子听后，哈哈大笑，“露露，你真是太天真了，婆婆怎么会是妈？她没生你养你，感情怎么能比得上妈，口上叫她妈妈只不过是因为你老公而已。你看天下哪个婆婆与媳妇是一条心啊，都是隔着肚皮的。也就是你，心直口快，什么都跟婆婆说。”听完同事的话，露露突然明白了：儿媳不是闺女，婆婆也不是妈。

**儿媳不是女儿，婆婆不是妈。降低心理预期，是有效减少婆媳矛盾的前提。**

可能每个女孩儿爱上一个男孩儿之后，都会对男友说，我一定会像待我妈一样待你妈；几乎每个婆婆都会拉着未来儿媳妇的手说，以后我就把你当亲闺女一样疼。可结婚之后，无论是婆婆还是媳妇，都会发现事情还真不是那么回事儿。

老人在聊天时，经常会聊到自己的儿媳妇。这个说，“我那儿媳可懒了，什么事情都让我儿子做。”其实，她女儿比儿媳要懒上好几倍，她却能视而不见。那个说，“我儿媳倒是不懒，就是小气，对我是一毛不拔。”其实，她女儿现在还啃老呢。

同样，小媳妇们凑在一起，也会在背地里唠叨婆婆。这个说，“我婆婆小心眼，跟她开句玩笑话，她能生一天的气。可她女儿说得多过分，她都笑呵呵的。”那个说，“我婆婆偏心眼，总是背着我给她女儿钱，还给买衣服，在我面前就哭穷。”

这两个鲜明的对比，说明在婆婆心中，儿媳永远不可能成为女儿；同样，在儿媳心中，婆婆永远不可能成为妈妈。在故事中，露露心直口快，在听到婆婆说自己的坏话时，推门而入，直接与婆婆对质，结果爆发了家庭战争。现在我们来假想一下，假如是妈妈在说露露的不好，露露推门而入，当面质问妈妈，妈妈会那么生气吗？露露会那么生气吗？事后，两人又会互不理睬吗？

不会，因为她们是母女，是最亲的人。在家庭关系中，亲子关系是一种血缘关系，是人与人之间最重要的关系，相比之下，夫妻关系、兄弟姐妹关系的重要程度会弱一些。因为关系的不同，所以会产生“等差之爱”，也就是说，对待不同的人，其情感是不同的。

举个简单的例子，假如小孩子犯了错误，母亲打了他一巴掌，他很快就会忘了，但要是叔叔打了他一巴掌，恐怕他要记上几个月、几年甚至是一辈子。从这个角度来看，我们就不难理解露露与婆婆之间的恩怨纠葛了。

除此之外，婆媳之间相处难，还有一个心理预期的问题。婆婆看到新媳妇娶进门，走进了自己的家，会本能地认为我们是一家人，你管我叫妈，你就是我女儿，你应该像我儿子、我女儿那样对待我。

同样，儿媳改口后，也会本能地将婆婆的行为与自己的母亲进行比较，简单地认为婆婆应该像妈妈一样对我好，理解我、宽容我。当双方混淆了婆媳关系与母女关系之后，矛盾就会产生，因为对方与自己的预期相差太远，产生了落差。

所以，要想改善婆媳关系，婆媳双方首先要认识到：婆婆不是妈，儿媳不是女儿。认识到了这一点，婆婆才不会像女儿一样要求儿媳，对儿媳的错误无所顾忌地指出来；也不会当着外人的面说儿媳不好，斥责儿媳。儿媳也不会像对待母亲一样，说话大大咧咧，心直口快，有啥说啥，而是应该保持最起码的尊重。

“婆婆不是妈，儿媳不是女儿”，这句话听起来有些别扭，让人不舒服，却是大实话，只要明白这个道理，才能使婆媳关系“长治久安”。

## 婆婆见不得老公对我好

老公送我一条围巾，婆婆却抢过去，围在自己的脖子上，并狠狠地剜了我一眼。我与老公出去散步，回家后，婆婆拉长个脸，对我爱理不理。吃饭的时候，老公往我碗里夹一块肉，婆婆立马给老公夹一块。难道婆婆也会吃老公的醋？

凭着女人的第六感，黄云觉得婆婆看自己的眼神不太对劲儿，眼神中充满了敌意与嫉妒。她很疑惑，自己并没有得罪婆婆呀，每天早晨起来和婆婆一起做早饭，晚上下班回家，帮婆婆一起料理家务，而且自己挣得比老公有多不少，按理说，婆婆并不应该对自己不满啊！

黄云还没有理清头绪，接下来发生的一件事，让她感觉到事情可能并没有她想象得那么简单。上周五是黄云与老公廖劲松结婚三周年纪念日，廖劲松提议到外面过一个浪漫的夜晚，就在一家西餐厅预订了一个包间，来一个浪漫的烛光晚餐。起初，黄云还有些不同意，担心婆婆会有意见，但禁不住老公的再三恳求，便答应了下来。

周五的早晨，黄云以同事结婚为由告诉婆婆，晚上不回家吃饭。快下班的时候，廖劲松也给母亲打去电话，告诉母亲晚上要加班。两人这样做，是担心老人心疼钱。为了掩人耳目，两人在烛光晚餐之后，一前一后回了家。黄云推开家门时，发现婆婆与老公两人都板着面孔坐在沙发上，她感觉情况不妙，想赶紧躲进自己的房间，婆婆却叫住了她，“黄云，你这婚宴吃得还好吧？”

“嗯，啊？”黄云本想继续说谎，却看见老公正在朝她挤眉弄眼，搞得她不知如何回答。“你还学会说谎了？你们两个明明是去烛光晚餐了，还说谎！”婆婆一改往日的温柔，朝黄云嚷嚷起来。“妈，这不怪她，是我鼓动她去的。”“真是娶了媳妇忘了娘，你还学会护短了。”黄云的婆婆边说边哭。

“妈，对不起。是我们错了，我们不该把您一个人留在家里，还欺骗您。”黄云一见婆婆哭了，马上过来道歉，婆婆更是得理不饶人，“黄云，我平时待你不薄啊，你怎么能这么骗我呢？”黄云感到很委屈，眼泪都快掉下来了，廖劲松赶紧插话说：“妈，这事真跟黄云没关系，都是我的主意，她本来是不同意的。”婆婆一听，哭得更伤心了。最后，黄云与廖劲松好说歹说，总算是让婆婆消了气。

自从这件事情之后，婆婆对黄云的敌意更明显了。吃饭的时候，廖劲松给黄云夹菜，婆婆都会狠狠地剜她一眼，黄云把饭吃到嘴巴里，却是如鲠在喉。黄云下晚班，廖劲松出门去接，婆婆也会摆脸色。黄云做家务，廖劲松在旁边帮忙，婆婆会马上夺过儿子手中的拖把，阴阳怪气地说上一句，“小松，打小就懒，从来都没帮我干过活儿。”

婆婆对黄云的态度是越来越恶劣，婆媳关系越来越紧张。其实，以前黄云与婆婆相处得一直很好。但自从去年公公去世后，黄云就发现婆婆变了，老公对自己好一些，婆婆立马醋意十足，这让她搞不明白，天下哪个父母不希望儿子儿媳关系好啊？可婆婆这又是为什么呢？

**男人应该明白：老婆是女人，爱争风吃醋；同样，妈妈也会这样，因为她也是女人。**

在现实生活中，会有一些女人和黄云一样，遇到一个爱吃醋、爱嫉妒的婆婆，看不得老公对自己好，一旦老公对自己好，婆婆就会想方设法地挑剔自己。据一项调查显示，近三分之二的儿媳称她们的婆婆看不得老公对自己好；另有相同比例的婆婆则抱怨因儿媳的出现，她被冷落了，埋怨儿子“娶了媳妇忘了娘”。

都说一个男人同时得到两个女人的爱是幸福的，可要是一边是妈妈，一边是老婆，而且还会因此争风吃醋，恐怕这男人就像是站在天平的两端一样为难了。按理说，天下的母亲都希望儿子好，看到儿子儿媳和和美美的，可为什么还会吃醋呢？

“同性相斥，异性相吸”，每个人都存在着这样的潜意识，婆媳也不例外。当然，这种意识可能连她们自己都没有意识到，也并非是有意的。在这种同性相斥的潜意识支配下，彼此会有意无意地贬低对方、指责对方，矛盾自然就无法避免。

最要命的是，她们同时爱着一个男人，一边是儿子，一边是丈夫，势必会出现争夺男人的局面，彼此都感觉对方的存在，使自己的爱受到了威胁与挑战，一个担心儿子娶了媳妇忘了娘；一个担心丈夫爱妈妈胜过爱自己，并会认为“我是你媳妇，你就应该对我更好一些”。

在这种心理作用下，婆婆与媳妇之间便上演了旷日持久的争风吃醋斗争，当婆婆看见儿子对媳妇好时，就会把矛头对准媳妇，她会认为就是因为你这个女人的出现，使我的儿子变了心，不再听我的话，不再爱我。特别是一些早年丧夫的女人，与儿子相依为命，更容易出现这种畸形的爱。

在这个故事中，结婚之初，黄云与婆婆相处得还是不错的。后来公公去世了，婆婆感到孤单寂寞，为摆脱这种孤单寂寞，她将精力转移到儿子的身上，以弥补心灵的空虚，排遣孤单寂寞，抑或是在儿子的身上能够找到老伴儿的影子。其实，这是一种补偿心理。

要想解决黄云与婆婆之间的矛盾，首先要让黄云明白一个概念：母爱与情爱，这是两种不同性质的爱。婆婆爱儿子是一种母爱，这是人之常情，将来她自己有了孩子，她也会像婆婆一样爱自己的儿子，千万不要把婆婆对老公的母爱与情爱混淆，否则，很难消除对婆婆的敌意。

另外，黄云与廖劲松小两口要理解和接受老人，并且尽量少在老人面前秀恩爱，把对老婆的爱藏起来，埋在心底，以减少老人的嫉妒心理。同时，小夫妻在平时生活中要尽量多与婆婆亲热，多关心她，逐渐改善婆媳关系。

儿子永远是妈妈手心里的宝，丈夫永远是女人生命中的最爱。因为爱，我们走到一起，成为一家人，所以，我们要相互理解、相互体谅、相互接纳；因为我们都爱着同一个男人，同时这个男人也深深地爱着我们。

# 老公爱妈胜过爱我

希望老公把我当作手心里的宝，下班之后，陪我聊聊天，看看电视；周末陪我逛逛街，买我最爱吃的炸鸡腿；我累的时候，老公帮我捏捏肩，捶捶背。可是，我所希望的一切，老公都给了另外一个女人——婆婆。我不明白，为什么老公爱妈胜过爱我？

“不可能，我绝不会丢下妈妈！”彭帅斩钉截铁地说。“我不是让你丢下她，我们搬出去住，还可以经常回来看她。”看老公的表情不对，南妮马上解释。“不管怎样，我是不会搬出去住的。”“如果要你在我和你妈之间必须作一个选择，你会选择谁?”彭帅没有犹豫，很认真地回答：“老婆可以再娶，妈只有一个。”南妮泪如雨下，她万万没有想到，当初下定决心选择与彭帅在一起的理由，却成了今日分手的理由。

南妮与彭帅相识在一个雨天。那天，南妮带母亲去医院看病，快到医院门口的时候，下起了大雨，母亲的腿脚不灵便，走不快，正在南妮着急的时候，一把伞撑在了她和母亲的头顶。“下雨了，别淋到老人，这把伞你先用吧。”耳边传来一个男人温和的声音，南妮转过头，一个穿白大褂的男人站在她的身后，“那我怎么还给你呢?”“用完了，就送到按摩科吧。”说完，男人消失在雨幕中。

南妮带妈妈看完病，已经下午两点多，雨已停了，她拿着伞来到按摩科，一进门，就看到了上午那个身材魁梧的男人。“谢谢你，彭医生。”南妮看到了男人胸牌上写着主任医师彭帅。被对方叫出了名字，彭帅有些诧异，看南妮盯着自己的胸牌，他一下子明白了。就这样，南妮与彭帅认识了，并很快发展为恋人。

南妮还清楚地记得自己第一次去彭帅家里，彭帅的母亲十分警惕地上上下下把她打量了一番，让她很不自在。但是细想一下，老人的做法并不过分。彭帅很小的时候，父亲在一次车祸中去世了，母亲含辛茹苦地把彭帅带大，如今儿子要找老婆了，母亲当然要严格把关。

最让南妮欣慰的是，她发现彭帅特别孝顺。吃过饭，彭帅会帮母亲削好水果，放到跟前，帮母亲捶捶背、捏捏肩。从那一刻起，南妮就认定彭帅是个好小伙儿，和他在一起，将来一定会幸福；并且她认为，母子感情如此好，自己又是彭帅选中的媳妇，将来婆婆对自己也一定会很好。但事实上南妮错了。

婚后不久，南妮发现老公陪母亲的时间比陪自己的时间还长。晚上下班回到家，彭帅会带着母亲出去散散步，嘱咐南妮把饭做好，然后打电话通知他们回来吃饭，这让南妮很不舒服。吃过晚饭，老公要在母亲的房间待很久，才回到自己的房间，回到房间，倒头就睡，很少陪她说话、聊天。最让她无法忍受的是，彭帅难得有休息日，休息的时候，他会带着母亲一起去逛街，而将南妮冷落在一旁。

南妮看到自己的老公爱妈妈胜过爱自己，心里非常不舒服。前不久，她调动工作，要调到离家更远的地方去，便向老公提出搬出去租房住，希望老公能够多陪陪她，但彭帅却坚决地拒绝了。望着老公离去的背影，南妮的心彻底凉了。

**当老公爱妈妈胜过爱你时，女人先不要急着怪罪他，因为这不一定是他的错。**

女人天生爱吃醋，当两个女人爱上同一个男人时，会更加醋意十足，即便那个女人是男人的妈妈，依然不会放过。就像上一节我们讲到婆婆看不得儿子对儿媳好一样，同性相斥，异性相吸，当女人发现自己的男人爱妈妈胜过自己时，肯定会打翻醋坛子，即便嘴上不说，心里也不是个滋味。

如果男人只是出于孝顺，尽到做儿子的责任，关心老人，照顾老人，女人心里再不舒服，也应该想办法克服。毕竟那是生他养他的妈，他与母亲是割不断的血脉亲情，作为儿媳，你也应该孝顺她。因为没有婆婆，你就不会找到这么好的一个男人。另外，你应该值得庆幸，自己找了一个好老公，如果一个男人连自己的妈妈都不疼，又怎么会真心实意地疼你呢？

不过，在现实生活中，还会有另外一种情况——恋母情结。在这个故事中，彭帅将下班之后的休息时间几乎全部给了母亲，完全忽视了妻子南妮的存在，这是恋母情结的典型表现。

一个人性格和行为习惯的养成，与他所处的家庭环境及成长经历密切相关。彭帅年幼时，父亲因车祸去世，他与母亲相依为命，母亲对他百般呵护，在缺少父爱的环境中长大的彭帅，渐渐地形成了对母亲的过度依赖。这种依赖就像儿童时期孩子离开母亲会大哭一样，没有母亲陪在身边，他会感觉非常的不安，甚至是恐惧。也就是说，彭帅的心理还处在儿童时期，还没有长大。

心理学家艾里克森认为，一个人从幼年开始人格就慢慢形成，每个年龄段都需要发展起和年龄相适应的能力，解决一个问题，就进入下一个发展阶段，没有解决的问题和能力会一直影响着当事人的生活。

由于彭帅心理上没有及时“断奶”，才导致他婚后依然依赖母亲，将大部分时间用在陪母亲身上，而忽视了妻子，继而引发了夫妻矛盾、婆媳矛盾。通常对恋母情结，当事人是很难意识到的。所以，针对男人的恋母情结，我们可以采取以下措施，寻求解决。

首先，作为妻子，应该明白丈夫的恋母情结并不是他的错，是由于婆婆的教养方式出了问题，所以，要理解你的老公，消除对他的憎恨和愤怒。

其次，逐步让丈夫意识到他自身的问题。这可能需要一个很长的阶段，你可以寻求心理医生的帮助，也可以说服丈夫，多参加一些社交活动；抽出时间，夫妻两人一起外出旅游、度假，增加夫妻感情。

最后，与婆婆友好相处，让丈夫感觉到你和他一样关爱婆婆，并想办法让婆婆的注意力从儿子身上移开，让她找到属于她自己的生活空间、生活情趣。

总之，只有家庭成员建立起安全的依恋关系，夫妻关系才会融洽，婆媳关系才会和睦。

## 婆婆来了，我的爱没了

以前，我和老公吵架，是越吵越亲，越吵越爱，可自从婆婆来了之后，婆婆见不得我们吵架，偶尔拌一句嘴，婆婆也会干涉，甚至指桑骂槐地说我欺负他的儿子。虽然现在我们几乎不争吵了，但我们的爱却越走越远了。

谭燕收拾好行李，拉着旅行箱，哭着走出了家门。老公周凯见妻子真的要走，欲起身拉住妻子，却被母亲一把拉住，母亲故意提高声调说："就不能惯她这毛病，不然有第一次，就有第二次。"谭燕多么希望老公能够跑出来，拉住她的手，对她说我还爱你。她在门外犹豫了一会儿，却听到婆婆冷冷的话语，眼泪再一次划过脸颊。她拉起旅行箱，快步下了楼。

谭燕打的回了娘家，母亲一看自己的女儿哭成这样，还带着行李回来，心疼得不得了，立马给女婿周凯打去了电话，"周凯，你是怎么回事儿，把我们家燕燕气成这样。你怎么欺负她了，快说！"面对岳母的质问，周凯支支吾吾说不出话，谭燕的母亲更加生气了，给周凯下了最后通牒，“周凯，我告诉你，明天一早你必须过来，把话说清楚。”

周凯与岳母的谈话，被母亲听到了，母亲立刻对儿子说，“你偏不去，你去了，那对母老虎还不扒了你的皮。我倒要看看，不接她，她自己回不回来。”“妈，这样不太好吧？事情别闹大了，没多大点事儿。”“还没多大点事儿，她那么用力地揪你耳朵，你不疼，我还心疼呢。坚决不许去！”

其实，谭燕与周凯吵架也不是多大个事儿。谭燕在一家广告公司做策划，最近工作比较忙，她想利用晚上的时间改一下策划案。那天，周凯吃过晚饭之后，就在网上看起了电影，谭燕与婆婆收拾完碗筷，发现老公在上网，就想让老公起来，把电脑让给自己用。可周凯看得正带劲儿，不愿动弹，谭燕有些着急，便使劲揪了一下周凯的耳朵。周凯很生气，使劲地推了妻子一把，这下激怒了谭燕，谭燕便和老公争吵起来，两人越吵越凶，声音越吵越大，最后惊动了婆婆。

婆婆不问青红皂白，只听见儿子说谭燕揪了他的耳朵，就对儿媳大声呵斥，“他是你老公，你怎么动手打他呢？再怎么说，你打人是不对的。”谭燕一听婆婆这么说，气不打一处来，“就算他是你的儿子，你的心也应该放正了再说话呀！”“怎么着，你还教训起婆婆来了。”最终，夫妻矛盾演变成了婆媳矛盾。

很快三天过去了，谭燕的母亲在听说了女儿的“悲惨遭遇”之后，气得怒发冲冠，又见不着周凯的影子，无处发泄，便叫上老伴儿、儿子一起找上门来，“亲家母，我女儿受了委屈，你这当婆婆的怎么不说句公道话呢？”周凯的母亲早有准备，不紧不慢地说：“你女儿还需要我这当婆婆的说句公道话。她打我儿子，我还没找她算账呢，你这当妈的找上门来了吗?”

此话一出，双方的情绪立马激动起来，先是唇枪舌战、口水大战，接着是肢体冲突，舞枪弄棒，最后双双被请进了派出所。随着矛盾不断升级，周凯与谭燕的矛盾是越积越深，与复合越来越远。

**关起门来吵架的夫妻越吵越幸福，打开门来吵架的夫妻越吵越生疏。**

在这个故事中，周凯与谭燕这对小夫妻只是因为使用电脑引起了一点小冲突，并没有什么大不了的事儿，但最终却演变成了周谭两家大战。导致问题不断升级的根本原因，是双方家人的插手。

如果在小夫妻争吵时，如果不是婆婆的插手，或者是婆婆能够明辨是非，责备儿子两句，事情会很快偃旗息鼓。哪对夫妻不争吵，为鸡毛蒜皮的小事打打口水战，是常有的事情。

可是，婆婆觉得儿子吃了亏，因为儿媳揪了儿子的耳朵，却不知儿子也推了儿媳一把。谭燕一见婆婆偏心眼，心里自然不舒服，便与婆婆争吵起来，最终孤掌难鸣的谭燕败下阵来，只能跑回娘家搬救兵。同样，谭燕的母亲也爱女心切，自然要来找亲家母兴师问罪。于是，一场周谭两家的大战一触即发，结果却是棒打鸳鸯，拆散了原本相爱的小夫妻。

据相关调查显示，导致 80 后离婚攀升的原因之一就是父母插手过多。每个父母都疼爱自己的孩子，当孩子的婚姻出现问题时，他们总想站出来替孩子说说话，生怕孩子受了委屈。

这样，本意虽是好的，结果却是棒打鸳鸯，拆散了原本恩爱的小夫妻，使孩子更加不幸福。

婚姻是两个完全不同的个体组成的，性格、生活习惯、观念等各方面都存在着一定的差异，有矛盾、有冲突是正常的，只要能够合理化解矛盾，并不会伤害到婚姻，反而会让相爱的人更加相爱。

夫妻吵架是两个人的事，有时连当事人都说不清为什么会吵架，就更别说分辨出个对错了。俗话说，清官难断家务事。家人一插手，通常不是让事情往好处发展，往往是越劝越糟糕，一方说你偏心了，一方说你不公正，到头来夫妻矛盾是越积越深，劝架的人也是猪八戒照镜子——里外不是人。

再说了，夫妻吵架不是什么光彩的事情，也许两人并不想让外人介入，一旦外人介入，就要把事情摊在众人面前，反倒让两人没了台阶下，为了面子，一定会没理也要争三分，不分出了个对错、输赢，誓不罢休；结果是别人越劝吵得越来劲，小事变大问题，矛盾不断升级。在我看来，只要两口子没有闹到离婚的地方，外人最好少掺和。

所以，奉劝那些吵架的夫妻，下次再吵架时，一定要关好门，有什么事情，锣对锣鼓对鼓，咱们偷偷地敲，不要让婆婆、岳母听见，什么矛盾都好解决。

如果打开了门，局面会立马失控，到时候就是两家人的混战，你再想挽回局面，恐怕就来不及了，幸运的，小夫妻可以破镜重圆；不幸的，恐怕就要被双方家人棒打鸳鸯了。退一步来讲，即便是破镜重圆，再见到对方的家人，心里恐怕也会留下一道抹不去的伤疤。

# 初恋虽美，却只能用来怀念

在人群中，当你再次发现那张精致又熟悉的脸时，你的心慌乱不已，慢慢向他（她）靠近，往日的点点滴滴再次浮现在眼前。你无法说服自己，可当你再次拥有他（她），却发现你真的失去了幸福。

孟茹跌跌撞撞地逃回办公室，心口像揣着几只兔子，上蹦下跳，怎么会是他？孟茹坐在椅子上很久，都没有从刚才的场景中走出来。

孟茹是一家贸易公司的业务经理。前不久，公司的副总离职了，公司从总部调来一位新副总吕伟，听到这个名字的时候，孟茹的心像是被人扯了一下，但她很快镇定下来：不会那么巧！可当她看到吕伟走上台的一刹那，她彻底愣住了，真的是他！

吕伟是孟茹的大学同学，两人在上学的时候好了很长时间。毕业后，孟茹坚持回到自己的家乡北京发展，而吕伟是广东人，他更希望留在深圳，两人因意见不同选择了分手。毕业后，孟茹在父母的帮助下，进入一家贸易公司工作，三年前，孟茹与同事卢迪相恋，并很快结了婚。

“这是业务经理孟茹女士。”当总经理把自己介绍给吕伟时，吕伟也和孟茹一样惊讶，“怎么会是你?”孟茹很不自然地看着吕伟，伸出右手，“你，你好，吕总!”吕伟愣了一下，说了句，“你好!”这是分手后两人第一次见面，显得十分尴尬。

见面会之后，孟茹跑回了自己的办公室，她的脑袋里一片空白，她不知道以后的工作该如何开展，该如何面对以前的初恋男友。虽然两人已经分手五年，但从看到吕伟那一刻开始，她的心里有一种莫名的惊喜和激动，这种感觉让她很害怕。

晚上快下班的时候，吕伟走进了孟茹的办公室，“孟茹，好久不见，我想请你吃个饭，可以吗?”“这，我还有事。”孟茹想了一会儿，还是拒绝了。“不会吧，老同学见面，你连这个面子都不给。”孟茹禁不住吕伟的再三邀请，心想，如果拒绝，岂不是“此地无银三百两”了?于是，她打了一个电话给老公，告诉他晚上要和吕总谈点事，让他下班后先回家。

吕伟开车带孟茹去了一家料理店。“上学的时候，你最喜欢吃韩国烤肉了。”吕伟的一句话把孟茹又带回了初恋的记忆中。“你现在过得还好吗?”孟茹望着窗外，眼睛不敢直视吕伟。“很好，一个人吃饱全家不饿。”听到这个消息，孟茹心里阵阵窃喜，她不明白自己为什么会这样。

“为什么不结婚呢?没找到合适的?”“因为忘不了一个人。”吕伟深情地望着孟茹，孟茹感觉自己的脸火辣辣的，“我已经结婚了。”“我知道，公司行政科科长卢迪是你的老公。”吕伟似乎并不介意孟茹结婚了，“孟茹，我觉得老天让我们再次见面，就是让我们再续前缘。”吕伟猛地抓住孟茹的手。“不，不，不要这样!”孟茹使劲地挣脱了吕伟的手，慌忙地跑出了餐厅。

从那以后，吕伟的影子就住进了孟茹的心里，挥之不去，在一次醉酒后，孟茹与吕伟发生了一夜情。不久后，关于吕伟与孟茹的风言风语很快传到了卢迪的耳朵里，卢迪向孟茹提出了离婚。孟茹后悔不已。

**初恋是那么美好，让人难以忘怀，那是因为没有得到，如果有幸再次拥有，你会发现原来那是一枚苦果。**

初恋是那么美好，即使对方不是一个优秀的人，但他（她）在你心中永远高大帅气（温柔漂亮）在你的心里，永远会为他（她）保留一个位置，在夜深人静的时候，在暖暖的午后，抑或是在睡梦中，他（她）会不经意地出现在你的记忆里，将往日的点点滴滴绘成一幅优美的画卷，慢慢地展开。

初恋是一段永远抹不掉的回忆，让人想忘记却欲罢不能。为什么初恋会如此吸引人呢？有一个心理学名词叫“契可尼效应”。西方心理学家契可尼做了许多有趣的实验，发现一般人对已完成了的、已有结果的事情极易忘怀，而对中断了的、未完成的、未达目标的事情却总是记忆犹新。这种现象被称为“契可尼效应”。

举个简单的例子，一次数学考试，你考了 99 分，只有一道题做错了，事后，通过老师的讲解，你把这道题弄明白了。从此以后，那道被你做错了的题目就深深地刻在了你的脑子里，而其他做对的题目，你会很快忘记。未修成正果的初恋也是一种“未能完成”的事情，所以，我们才会难以忘怀。

现在我们就很容易理解，当吕伟再次出现时，孟茹的内心为什么会有莫名的激动与窃喜。初恋虽然美好，但是它是建立在沙滩上的爱情，不会长久；它是雾里看花终隔一层，水中望月不切实际。可是，有些人却深陷其中，无法自拔。

在这个故事中，孟茹再次见到初恋男友吕伟时，内心开始狂躁不安，虽然她压抑着自己的感情，不想因为初恋男友的出现而破坏自己的婚姻，但最终还是背叛了婚姻，与吕伟发生了一夜情，导致婚姻解体。

当孟茹重新得到了男友吕伟，她却后悔了，因为她失去了握在手心里的幸福。人有时真的很奇怪，拥有时不知道珍惜；错过了，就后悔不已；得到了，又会失落。也许，在孟茹背叛了婚姻的时候，她才发现什么是真爱、什么是幸福。

在背叛婚姻之前，也许你会给自己找各种各样的借口：我的婚姻不幸福；爱人不够体贴，不够温柔；我与他（她）在一起，就像左手拉右手，没有一点感觉。可一旦背叛了婚姻，你会发现事实并没有你想象得那么美好。因为初恋虽美，但只能用来怀念。

有些东西一旦错过了，就让它错过吧！有一种幸福叫遗忘，有一种感情叫珍惜。遗忘错过的东西，珍惜眼前的幸福，才是明智之举。真正的幸福不是激情，而是每一个平平淡淡的日子串起来的感动与爱。

# 原来，我是那样爱你

"起床了，快点，上班要迟到了。"睡得正香的冯建军睁开眼，看见妻子郁敏披头散发地站在他的面前，见老公醒了，郁敏转身走向女儿的房间，边走边嚷，"晓娟，起床了，要去幼儿园了。"望着妻子日渐丰满的身材，冯建军摇了摇头，叹息道：当年的风采哪儿去了？

五年前，冯建军在参加朋友的婚礼上认识了郁敏。郁敏是新娘的伴娘，高挑的个子，身材玲珑有致，一副清秀的面孔。冯建军第一次见到郁敏，就被深深吸引住了。后来在朋友的牵线搭桥下，两人逐渐熟悉起来，成为了男女朋友，恋爱一年后，两人结了婚。

"建军，怎么还不起床，真的要迟到了，快点起来，早饭都凉了。"郁敏一边唠叨一边收拾昨晚老公和女儿换下的脏衣服。冯建军应了一声，起床洗漱，然后吃早饭，"郁敏，鸡蛋怎么煎成这样，我不是和你说过，我喜欢吃老一点的吗？""不是女儿喜欢吃嫩一点的吗？你就凑合着吃吧。"正在帮女儿洗脸的郁敏没有注意到老公脸上的表情。

冯建军吃了两口饭，拿着公文包出了门。郁敏见老公不说话，意识到他生气了，追出门去，"喂，你怎么就吃这一点啊?"冯建军"哼"了一声,算是回答,便进了电梯。出了家门,冯建军深深地吸了一口气。不知从什么时候起,曾经温馨浪漫的家开始变得压抑,他看不得妻子起床后不梳洗打扮,披头散发,拖拉着鞋为他做早饭的样子;听不得妻子唠唠叨叨的声音。他感觉自己的婚姻就像一条小河,正在慢慢枯竭。

"冯经理,早!"不知不觉,冯建军到了公司,听到秘书小童甜美的声音,让他心情舒畅了很多,"小童,早啊!""冯经理,您今天穿的衣服真气派,特有男人味儿!""是吗?我怎么没发现?""恐怕是冯经理谦虚吧。"说话的工夫,小童已经帮他泡好了咖啡。冯建军心里暖暖的,心想,要是妻子能够像小童一样该多好,不仅人长得漂亮,而且声音甜美,会说话,还善解人意。

马上要过年了,冯建军的工作量也比平时多了很多,常常加班到后半夜。与秘书小童相处的时间长了,两人的关系慢慢地发生了变化,由上下级发展为地下情人。很快,老公在外面包养情人的消息传到了郁敏的耳朵里,郁敏给老公留了一封信,带着女儿回了娘家。

冯建军回到冷冷清清的家,浑身不自在,第二天醒来的时候,已经八点钟了,肚子饿得咕噜噜直叫,昨晚脱掉的脏衣服还丢在地上。他在橱柜里一通乱翻,却不知道自己该穿哪套衣服,家里被他搞得一片狼藉。此时,他才觉得有妻子在,自己是多么的幸福。想到这,他立马跑出了家门,打的直奔岳母家,他要告诉郁敏,"我不能没有你,失去你,才发现自己是多么爱你。"

**婚姻需要改变，才会变得鲜活，就像平静的湖面上丢下一颗石子，才会激起美丽的涟漪。**

电影《大话西游》里有一句经典的台词家喻户晓，“曾经有一段真挚的爱情摆在我面前，我没有去珍惜。如果上天再给我一次机会，我会对那个女孩儿说，我爱你。如果非要给这份爱加上个期限，我希望是一万年。”

人总是在失去之后，才知道心痛，才懂得珍惜。当爱人在我们的身边，悉心照顾我们、照顾这个家时，我们不以为然。突然有一天，爱人离开了，我们才发现爱人是那么重要，没有爱人在，我们会不知所措。

那么，我们为什么会身在福中不知福，久爱不知其爱呢？心理学家做过这样一个实验：让人持续听一种声音，观察脑电波，发现随着时间的推移，人对这种声音刺激的反应会越来越弱，脑电波的起伏越来越小。如果猛然使声音停止或者换另外一种声音，脑电波就会产生剧烈的反应。

在日常生活中，我们可能也会有这样的感觉：当周围出现持续的噪声时，我们会慢慢地适应，并不会觉得它有多么的烦人。但是，如果声音时断时续，它就会令我们抓狂，无法忍受。同样的道理，结婚多年后，夫妻已经完全适应、习惯了这种生活，对对方的关心就会视而不见、听而不闻。

故事中的冯建军，每天由妻子叫他起床，给他做早餐，帮他整理好当天要穿的衣服，他已经习以为常，并不觉得妻子如此细心地照顾自己，应该感到幸福，而是觉得妻子不美丽，说话声音不甜美，生活索然无味。可突然有一天，妻子离开了，他才发现自己是如此的不适应，上班会迟到，找不到合身的衣服，吃不到可口的饭菜，直到这时他才意识到妻子是多么重要。

这种现象，可以借用一句古诗来形容："不识庐山真面目，只缘身在此山中。"婚姻生活久了，我们会习惯对方的照顾，并把这种照顾看作是理所当然，到最后甚至开始厌倦对方："你每天都披头散发的，不爱打扮。""一件衣服穿了几年都不换。""一下班回到家，你就窝在沙发上看电视。"

对于对方的抱怨，我们应该理解。人是视觉动物，尤其是男人，让他每天都面对着一张没有任何变化的脸，哪怕这张脸再美，他都会视觉疲劳。婚姻不能如一潭死水，婚姻需要改变，只有不断地"刺激"，才会有新鲜感，才会让你在他的心中最美。

不要等到对方离你而去时，你才痛苦、后悔。感情这东西一旦丢了，再捡起来就难了，就像是摔碎的镜子，虽然黏合好了，但疤痕还在。试着给你们的婚姻做些改变吧，哪怕是换了一个新发型，穿一件性感的内衣，来一次不算太远的野游，都会让你的婚姻变得鲜活起来。

## 婚姻就像捧在手里的沙，不要捏太紧

爱人是我们一生的依靠，如果有一天他（她）离开了，你一定会抓狂。你担心有那么一天，你紧紧地抱着他（她），紧紧地，直到他（她）喘不过气来，结果，他（她）奋力地挣扎，跑开了。

曾小莲是个多愁善感的女人，虽然已经三十多岁，但她依然喜欢读琼瑶的小说，喜欢看浪漫的爱情韩剧，而且还会被感动得稀里哗啦。老公魏强说她就是个长不大的孩子，所以，平时曾小莲作出点出格的事情，他都能容忍。

单位的同事背地里都说魏强是妻管严。下班之后，他绝不在公司多逗留一分钟，立马回家，稍晚一会儿，老婆的电话必到，“魏强，你在哪儿呀？怎么还不到家？”魏强脾气好，觉得老婆这样做，无非是在乎自己，所以不跟她计较。

前些日子，好友林丽哭哭啼啼地跑到家里来，向曾小莲倒了一大堆的苦水，“现在的男人一点都靠不住，我平时对他死心塌地，可他还是在外面有了女人。”从林丽的哭诉中，曾小莲听出了个大概，原来林丽的老公有了外遇，两人正在闹离婚。

林丽的老公邵杰是曾小莲的大学同学，为人忠厚老实，曾小莲怎么也不会想到这种人会拈花惹草。曾小莲是个敏感的人，一想到邵杰都如此不老实，心里七上八下的。“不行，我可要看好我们家魏强。”曾小莲在心里暗暗地说。

从那天开始，曾小莲就制定了一套严谨的“防外遇手册”，对老公是一小时查一次岗。为了防止老公起疑心，她总是找各种借口，“老公，早晨出门的时候，咱们锁门了吗？”“老公，晚上你想吃什么呀？”“老公，今天你工作累不累？”

起初，魏强还能忍耐，心想肯定是老婆又受了琼瑶的毒害，神经错乱了，过两天就没事了。可事情并没有他想象得那么简单。下班回到家，魏强觉得有些累，想洗个澡放松放松，曾小莲马上紧张地凑过来，对着老公的身体前前后后地嗅一遍，没有问题，才能放行，否则，不盘问个把小时，不算完。

久而久之，魏强终于无法忍受曾小莲的无端猜疑了。一次公司年底举办庆功会，魏强和同事到歌厅痛痛快快地 High 了一把，由于声音太吵，魏强没有听到老婆的电话。回到家，已经是午夜，曾小莲又哭又闹，非要魏强交代在外面是不是包养了小情人，魏强一再跟她解释，可正在气头上的曾小莲哪里听得进去。

最终，魏强失去了耐性，收拾了简单行李，搬回公司宿舍，一连几天都不露面，曾小莲打电话，他就挂掉。魏强玩失踪，更让曾小莲认定魏强在外面有了女人。周一一大早，曾小莲跑到魏强的公司，跟魏强大吵大闹，魏强感觉自己在外人面前丢尽了脸，一气之下，扇了老婆一个耳光。两人的关系也因为这一个耳光彻底决裂，纠纠缠缠半年后，魏强与曾小莲离了婚。

**如果爱成了一种束缚，那么，婚姻也将名存实亡。如果爱他，就放开他，给他自由吧。**

有人说，因为爱你，所以在乎你；因为在乎你，所以攥紧你；因为攥紧你，所以弄疼你，失去你。也许，你的本意是好的，但你会发现，生活中很多人、很多事，往往因为自己过于在乎，而离你远去。

我相信故事中的曾小莲一定非常非常爱魏强，一个不爱自己丈夫的人，是不会在乎丈夫的一举一动的。可这种爱在魏强看来，却是一种束缚、一种不信任、一种负担，深深地伤害了他。这个结果，不是曾小莲想看到的，但事实却使她与魏强越走越远，使她的婚姻逐渐走向解体。

在现实生活中，有些人也和曾小莲一样，在这个充满诱惑的社会，她们害怕爱人会离开自己，会爱上别人，整日惴惴不安，一听到一点风吹草动，就如坐针毡，查爱人的岗，盘问爱人，甚至跑到爱人的公司来个突然袭击。可越是这样，越会事与愿违。最后，爱人真的跟别人跑了，你不禁问自己：我这样严防死守，为什么都没有防住呢？

殊不知，爱一个人不是束缚，婚姻不是捆绑，否则，只能适得其反。有位心理学家曾经做过这样一个实验：穿针引线的时候，你越是全神贯注地拿着线对着针孔，手越会抖得厉害，线越不容易穿进去。我们把它叫作“穿针心理”，现代医学则把这种现象称为“目的颤抖”。也就是说，一个人目的性越强，做事过度用力和意念过于集中，反而容易将平时容易完成的事情搞砸。

还有，上学的时候，每次考试之前，有些人会对自己说，一定不要紧张，好好答，肯定能考好，结果却考得一塌糊涂。估计有些人考试怯场也可能与这个有关吧。对于这些现象，我们可以用心理学上的“瓦伦达效应”来解释。

瓦伦达是美国一个著名的高空走钢索的表演者，他在一次重大的表演中，不幸失足身亡。他的妻子事后说，我知道这次一定要出事，因为他上场前总是不停地说，这次太重要了，不能失败；而以前每次成功的表演，他总想着走钢丝这件事本身，而不去管这件事可能带来的一切。后来，人们就把专注于事情本身、不患得患失的心态，叫作“瓦伦达心态”。

看了瓦伦达的故事，你是不是觉得它和曾小莲的经历有些相似呢？从他们的故事中我们可以得到这样一个启示：无论做什么事情，都应该保持一颗平常心，对待婚姻亦如此。

美国的托马斯·富勒曾经对婚姻有一句精辟的论断：“结婚前，睁大你的双眼；结婚后，闭上一只眼。”如果你确信选对了人，又何必在婚后给对方出一道又一道难题呢？婚后，你应该学会闭上眼睛，这样你就会发现幸福一直藏在自己的手心。

有人说，婚姻就像捧在手心里的沙，你握得越紧，它溜得更快；张开手，它则会乖乖地停留在你的手心。

# 心理测试：你的婚姻健康吗

做下面的测试，看看你所选择的婚姻会不会成为一团乱麻。请在符合自己的情况后面打上“√”。

1. 我们结婚前恋爱了六个月。是（ ）否（ ）
2. 我俩都过了21岁。是（ ）否（ ）

3. 我们有许多共同的朋友，男女都有。是（ ）否（ ）

4. 我俩中的一个人不想要孩子，所以我们不会要孩子。是（ ）否（ ）

5. 我俩的教育程度有很大的差别，一个大学毕业，一个不是。是（ ）否（ ）

6. 我们都有宗教信仰。是（ ）否（ ）

7. 我们的父母和朋友衷心支持我们的婚事。是（ ）否（ ）

8. 我俩都不存在性障碍。是（ ）否（ ）

9. 我俩的收入足以养活自己，不需要外援。是（ ）否（ ）

10. 我俩暂时分离已有三次或三次以上。是（ ）否（ ）

11. 我俩和父母都很亲近。是（ ）否（ ）

12. 我俩年轻时，都很受同龄人喜欢。是（ ）否（ ）

13. 我们双方的亲戚（包括兄弟姐妹、叔伯姑婶等）中，离婚率不到1/20。是（ ）否（ ）

14. 我俩和对方父母的关系都很好。是（ ）否（ ）

15. 我们年轻时，都对成年人很恭顺，如对父母、亲戚和老师。是（ ）否（ ）

**测试结果：**

回答与下列答案相符的，每题得1分，然后计算总分。

1. 否。2. 是。3. 是。4. 否。5. 否。6. 是。7. 是。8. 是。9. 是。10. 否。11. 是。12. 是。13. 是。14. 是。15. 是。

得分在 12 ~ 15 分：你理解婚姻所包含的挑战，你婚姻幸福的可能性很大。

得分在 7 ~ 11 分：你对婚姻生活的理解属于中等。

得分在 0 ~ 6 分：你可能是个彻底的浪漫主义者，因此你对成功婚姻条件的理解不现实。这个范围的得分不一定就预示着婚姻失败，但可表明你和你的伴侣需要努力改进你们的关系，使它健康发展。

**解释说明：**

1. 否。恋爱时间长的伴侣通常婚姻持续时间也长。大多数婚姻不和睦的夫妻是因为婚前没能真正地彼此了解。

2. 是。研究发现，年龄在婚姻成功与否中起着重要作用。不到 20 岁结婚的人离婚率占到 50%。

3. 是。有许多共同的朋友，使情人间有了多重联系，因此增大了相守的概率。

4. 否。婚前双方协商好是否要孩子是最好的。虽然早期一方可能会迁就另一方的愿望，但如果一方要孩子的愿望持续或增加但得不到实现，可能会产生憎恨心理。

5. 否。教育程度的差距越大，兴趣和智力水平的差距可能就越大，不和谐的概率越大。

6. 是。与没有宗教信仰相比，宗教信仰强烈的伴侣（特别是如果信仰相同）婚姻幸福的可能性较大。

7. 是。同龄人对一方配偶的赞同，确实和婚姻成功有关系。

8. 是。性障碍不是恋爱中的情侣最大的危险，但如果对此没有足够的理解或没有共同努力解决这个问题，通常会导致严重不和谐。

9. 是。经济压力是离婚的主要原因。

10. 否。不能以其他方式解决双方分歧而采用暂时分离办法的伴侣，最有可能最终分手。

11. 是。与父母的联系证明与婚姻稳定有很大关系。

12. 是。得到稳定的同龄人认可，也是日后婚姻成功的标志。

13. 是。把离婚看成是解决婚姻不和的可行方法的家庭，离婚较为常见。

14. 是。与对方的父母相处融洽是个很好的征兆——与岳父母/公婆关系不好证明对婚姻有不良影响。

15. 是。能够灵活地接受年长的人指导，这点很好，表明愿意接受所爱人的指导。

注：以上测试是根据美国婚姻研究人员所作的大量研究工作设计的，这些人员包括原加州斯坦福大学心理学家路易斯·特尔曼、原俄亥俄州凯斯西储大学威廉·古德以及其他人员。对一千多对夫妇所作的调查发现，上述因素是婚姻成败的重要指征。

## 【第三章】

# ·磨合保养期：相爱总是简单，相处太难·

月下的花枯萎了，海誓山盟沉底了，曾经的浪漫变成了锅碗瓢盆交响曲，成了你争我夺的斗争。

# 为什么今晚又不行

忙碌了一天，又累又困，老公却蠢蠢欲动，勉强配合，他说你是木头；不配合，他愤愤不平。别怪我不全心投入，而是我实在无情趣。当婚姻变得像白开水一样淡而无味，哪里还有激情？

王萍出身书香门第，父母是教师。大学毕业后，她听从了父母的建议，自己也当了一名教师，后来，经人介绍，她认识了董涛。董涛是一家上市公司的财务总监，如今两人已经结婚五年。日子过得波澜不惊，生活十分有规律，就连性生活都十分有规律，一周一次。王萍工作忙，又带毕业班，董涛是个体贴的人，也能理解妻子，可让他不舒服的是，每次与妻子同房，妻子总是有些勉强，像是在履行任务。

一天，董涛高高兴兴地跑回家，对妻子说："老婆，我发年终奖了，五万块呢！"王萍很高兴，竖起大拇指说："我老公就是厉害！"董涛见妻子心情不错，就凑过来，十分暧昧地说："老婆，你今晚能不能奖赏我一次呢？"王萍看老公坏笑的样子，立刻明白了，"不行！"董涛很扫兴，懊恼地问："为什么今晚又不行？"

"都老夫老妻了，孩子都快三岁了。"王萍丢下一句话，走进了厨房，准备晚饭。董涛见妻子无所谓的样子，十分生气，质问道：“你是不是我老婆，哪有夫妻之间不过性生活的，你是不是在外面有人了？”

“董涛，我平时怎么对你，你还不清楚，你怎么能这么说话呢？”王萍委屈得眼泪都掉了下来。“每次和你亲热，就像例行公事，你总是推三阻四，跟你生活在一起真乏味。”董涛气呼呼地摔门而去。

自从这件事以后，一周一次的性生活也因王萍的不配合取消了，董涛也不再像以前一样，软磨硬泡地求妻子，而是一改好丈夫的形象，经常夜不归宿。王萍询问他去了哪里，董涛总是不耐烦地回一句：“公司忙，加班！”

王萍觉得和老公相处五年了，董涛不是拈花惹草的人，也就没放在心上，还认为丈夫是在为过性生活的事情怄气。但接下来发生的事情，却出乎她的意料。一天，王萍正在上班，接到派出所的电话，说老公董涛在外面嫖娼，被拘留了，让家属到派出所交罚款。王萍简直不敢相信自己的耳朵，挂了电话，愣了好久，才缓过神来。

因为嫖娼的事情，董涛被公司辞退了，夫妻感情也降到了冰点。王萍不允许董涛进卧室，让他睡在客厅，平时还经常对丈夫冷嘲热讽。董涛自知理亏，不敢作声。时间长了，董涛实在受不了这样压抑的生活，决定和妻子好好谈一谈，他给妻子写了一封信，放在茶几上，然后在外面租了一间房子住了下来。

看了丈夫的信，王萍渐渐意识到丈夫之所以会走错这一步，与自己也有很大的关系，她决定找丈夫回来，给他一次改过的机会，也给自己一次改过的机会。

**营造婚姻中的浪漫、情趣和幽默，是婚姻保鲜、性生活甜蜜的不二法宝。**

性生活是婚姻的重要组成部分，随着夫妻相处时间的增长，性生活也会在茶米油盐的琐碎中，逐渐失去往日的激情，偶尔一次的性生活也把它看成是夫妻之间必须履行的义务，缺少了新婚蜜月时的甜言蜜语、含情脉脉，变得索然无味；有些女性甚至拒绝丈夫的要求，以一句“今晚不行”或“都老夫老妻了”搪塞过去。

在现实生活中，在很多夫妻身上都能找到王萍与董涛的影子，工作压力、养儿育女的烦恼、生活的琐碎，都会逐渐磨去昔日的激情。可能你会觉得平平淡淡、波澜不惊的日子才是真实的生活，殊不知，在平淡的婚姻背后有时也会藏着一股暗流，在你猝不及防的时候，给你的婚姻重重的一击。

王萍信任她的丈夫，她一直认为丈夫是中规中矩的人，只要对他好，体贴他，照顾他，他就不会做对不起自己的事情。可是，她却忽视了性生活在婚姻中的重要作用。那么，究竟性生活在婚姻中有多么重要呢？我们来看下面的消息。

英国曾做过一项决定夫妻关系稳定、持久的要素调查，并在《每日电讯报》发表了这一调查的结果。调查显示：最稳定、持久的婚姻应具有以下特点：丈夫结婚时年龄在31岁左右，比妻子年长两岁者最佳；第一个孩子在婚后两年左右出生；夫妻至少有两个相同的爱好。此外，还有一些必修课：伴侣间每天至少说一次“我爱你”；每周有三次性爱；

每24个小时能有三个拥抱；每天四个吻；每个月会有两次浪漫晚餐。

另外，心理学家也指出："没有一对肉体上和谐的夫妻会因为一些琐事而分手的。当性交很完美时，夫妻可以有不同意见而绝不会闹脾气，不会有愤怒的神色，以及分离的愿望。反之，别的一切和谐对于他们都会变得不中用了，他们的感情会日渐分裂，走到了难以相互容忍的地步。换句话说，也就是他们最终会渴望分离。"

可是，在夫妻生活中，有些女性往往会在夫妻闹矛盾之时，以性惩罚的方式来试图使丈夫屈服，这是很糟糕的做法。故事中，王萍的性惩罚使丈夫误入歧途，不仅丢了工作，还影响了家庭和睦。

性爱不是牺牲，不是施舍，不是恩赐，不是乞讨，而是平等、和谐的，只有平等、和谐的性生活才能使夫妻生活幸福、甜蜜。当然，我们也应该看到，随着夫妻相处时间的增长，激情会逐渐消退，如何才能唤起对方的激情呢？这就要从女人与男人的性心理说起。

相对而言，女人的性心理更注重情感，如果一个女人在和一个男人生气，她是不会同意与他过性生活的。女人总是有意无意地采用性惩罚的方式来发泄她对男人的不满。而男人由于受生理特点的影响，总是习惯把自己作为性生活的中心，根据自己的时间和需要来安排性生活，而忽视了妻子的需要。

了解了这一点，聪明的男人就不会在女人不高兴的时候提出"非分要求"了。而是要在有"非分之想"之时，做好充分的前奏准备，给妻子做家务，烧一份她爱吃的饭菜，为她买一束鲜花等，准备工夫做足了，自然就会水到渠成。

每个人都希望拥有一个浪漫的婚姻，当我们的婚姻在岁月的流逝中变得平淡时，记得用智慧去装饰一下它，千万不要让浪漫淹没在悄然而逝的流年中。

## 只有藤缠树，哪有树缠藤——麻辣老婆逼夫记

俗话说，“干得好，不如嫁得好。”哪个女人不希望自己找个钻石王老五级的白马王子，可惜，天不遂人愿。无奈之下，女人只能逼着丈夫悬梁刺股、凿壁借光，不承想，却逼走了丈夫，使婚姻面临解体。

马莎莎是一名会计师，月收入上万元，而她的老公余辉只是一家小公司的出纳。亲戚朋友都羡慕余辉，说他娶了一个能干的妻子，可这其中的苦楚也只有他一个人清楚。马莎莎是个好强的女人，家里家外一把手。俗话说，经济基础决定上层建筑，这一点在余辉的家里体现得淋漓尽致。

马莎莎收入高，自然把持着家里的经济命脉。月末是余辉发工资的日子，但工资卡却牢牢地握在马莎莎手里，余辉需要钱，只能向马莎莎打报告，马莎莎一次给他一点。别人都以为马莎莎太小气，其实马莎莎有她自己的打算，她是想通过这种

方法，刺激丈夫上进。

可余辉这个人，与马莎莎不同，知足常乐。他常说，赚那么多钱干吗，再说钱多还不就是吃饭、穿衣、睡觉，差不多就行了。在马莎莎看来，丈夫就是不思进取，好吃懒做，是一个吃软饭的主儿。除了对丈夫开源节流外，马莎莎想尽了办法，激发丈夫的斗志。

上街购物的时候，看见别人开大奔，她会对丈夫说："你看看人家，开的是大奔，要是咱家靠你买大奔，得等到猴年马月。"家里来了客人，坐在一起聊天，马莎莎也会含沙射影地说："这男人一定要比女人能干，不是有句话叫'只有藤缠树，哪有树缠藤'吗？"

只有夫妻两个人的时候，妻子说什么，余辉都能忍，可是在外人面前，把自己说得一文不值，余辉的心里十分恼火，于是，便与妻子发生了激烈的争吵，"马莎莎，你要是看不起我，我们就离婚，你没必要这么挤兑人！""我挤兑你怎么了？你怕我挤兑你，你证明给我看呀！没本事，脾气还不小。"

马莎莎是越说越难听，余辉是越听越来气，一生气，把家里的东西砸得稀巴烂。马莎莎见一向温和的老公变得如此疯狂，更是火冒三丈，说了一句狠话，"没本事的男人，我看不起，你给我滚，滚出这个家。"余辉二话不说，拿起外套就出去了。

不久，马莎莎收到了余辉寄来的一封信和离婚协议书，他在信中这样写到：莎莎，我很爱你，但是我不能为了爱你，失去我的尊严。也许我永远做不了你心中完美的丈夫，我们还是离婚吧。马莎莎看完信，泪如雨下，她爱余辉，余辉风趣幽默，脑子灵活，总时不时地给她制造一些意想不到的惊喜与浪漫，唯一让她感到不满意的就是丈夫的“不思进取”。

同学聚会的时候，每当同学们提到自己老公事业如何成功时，眼睛里闪出的幸福，都让马莎莎羡慕不已。她多么希望自己的老公也能有一份令人羡慕的事业，也能让别人向她投来羡慕的眼光啊。最重要的是，她担心以后有了孩子，自己不能工作了，家里的经济收入会大受影响。

**每个女人都希望自己的男人有所作为，虚荣是一方面，更多的是对客观现实的无奈。**

在人们的思想意识里，普遍认为男人一定要比女人强，才像个爷们儿。像个顶天立地的汉子，在家才能挺直腰杆，说话才有分量，否则，就是吃软饭的，这样的男人不仅会受到外人的嘲笑，就连自己的妻子也会骂他是窝囊废。

在现实生活中，有很多女性像马莎莎一样，对自己的丈夫恨铁不成钢，特别是当自己的学历、收入、地位比丈夫高时，如果丈夫再不愿积极进取，她们的心态就会失衡，觉得丈夫配不上自己，她们会想尽办法逼自己的丈夫出人头地。所以，才有那么多麻辣老婆逼夫记上演，但结果往往不尽如人意，不是把自己的男人逼到别人的怀抱，就是把自己逼得走上婚外情的道路。

那么，为什么女人非要自己的男人比自己强呢？有一句流行语是这样说的：女人靠征服男人来征服世界。所以，女人习惯把自己对事业的追求以及对美好生活的向往都寄托在男人身上。人们不是常说，男人赚钱女人花吗？可能很多男人会认为女人这样做，无非是虚荣，想在别人面前炫耀一下自己嫁得好，就像故事中的马莎莎。当然，我们不能排除这种可能，但女人有这种心理往往也与客观现实密不可分。

大多数女人在结婚后，会把更多的时间和精力花在照顾孩子身上，对事业往往会力不从心，而随着孩子的出生，家庭的开销也会增加，再加上自己收入减少，生活压力陡增。所以，她们习惯性地把全部希望寄托在男人身上，希望自己的男人成就一番事业，男人成功了，自己也会跟着沾光，生活才会幸福，婚姻才会美好。于是，就形成了男主外、女主内的分工形式，女人会尽全力照顾好家庭，为男人解决后顾之忧，支持男人的事业。

从这个角度来思考，女人的逼夫是有一定道理的，也是有苦衷的，所以，男人也应该理解。当然，我们也不能说女人这样做就合情合理，值得肯定。现在是新社会，提倡男女平等，夫妻双方都有责任把家庭经营好，事业和财富不应该是男人一方需要承担的责任。既然是夫妻，就应该能者多劳。那些自身能力不强又逼着男人有所作为的女人，说到底，还是没有摆脱旧观点、旧思想的束缚，没有从精神上摆脱对男人的依赖。女人要独立，既要经济上独立，又要精神上独立。

婚姻就像一艘船，要想驶向幸福的港湾，需要夫妻共同努力，如果一方只想坐享其成，小船就会偏离航道。

# 女人太能干，后院易起火

系上围裙，洗菜做饭、收拾家务，带孩子，样样在行，因为我是家庭“主男”。老婆在外，一人之下万人之上，是个女强人，买别墅，开豪车，不用我把心操。只是老婆回家像住店，偶尔亲热像偷情，孩子见妈叫阿姨，哎！你说娶个能干的老婆，是福还是祸？

凌波做了一桌子的饭菜，等妻子倪涵回来，时针已指向晚上11点，菜早就凉了，可倪涵还没回来，凌波拨通了妻子的电话，“老婆，你在哪儿？今天是……”“行了，知道了。”没等他把话说完，妻子就打断了他，从电话里传来的嘈杂声中，凌波判断妻子应该在饭店。挂了电话，凌波坐在沙发上郁闷地抽起了烟。

一直等到凌晨两点，妻子带着一身的酒气，摇摇晃晃地回到家。凌波忍了一晚上，在看到妻子的那一刻立马爆发了，“怎么这么晚才回来？”“你喊什么喊，我困死了，要去睡觉，有事明天再说。”倪涵摆了摆手，准备上楼。

“你站住，今天我必须跟你说清楚。”凌波拉着妻子，把她推倒在沙发上。“凌波，你干什么，你没本事，还学会打老婆了?”“你知不知道今天是我们结婚五周年纪念日，我今天早早地回到家，烧了一桌子你爱吃的饭菜，可你直到现在才回来。”

“那你知不知道我今天要洽谈一个重要的客户，它关系到我们公司下半年的效益。我工作忙，哪能像你这么悠闲，朝九晚五，周末休息。我一天到晚忙得连喝口水的时间都没有。”倪涵透露出一种轻蔑的口气。

凌波在一家政府机关上班，平时工作清闲，而倪晨是个女强人，成立了一家拍卖公司，年收入上百万。听了妻子的话，凌波感到十分憋屈，“好，你是女强人，可你别忘了你是我的老婆。你一到家就拿出董事长的身份，对我指手画脚，你考虑过我的感受吗？我需要的是一个温柔体贴的老婆，而不是一个骑在我头上的董事长。”

“你要是有本事，也骑到我头上作威作福，你没本事，就不要在我面前指东道西。少废话，把洗澡水给我放好，我要洗澡睡觉。”倪涵指了指浴室，又指了指凌波，凌波见妻子如此傲慢，冷冷地一笑，“对不起，我不是你的保姆。我，不伺候了，你另找他人吧。”说完，凌波上楼睡觉去了。

第二天，睡得迷迷糊糊的倪涵口里嚷道：“凌波，把早饭准备好，一会儿我要吃饭。”过了一会儿，见没有动静，倪涵揉了揉睡眼，想起了昨天发生的事情。她起身下楼四处寻找凌波，却不见他的踪影。这时，她的电话响了，原来是大学同学小白，小白说她现在在北京，约她在一家咖啡厅见面。

“幸福的小女人，好久不见了，还好吧?”倪涵刚一落座，便打趣地说，“好什么呀？我这次来北京是出来散心的，一个星期前我离婚了。”倪涵有些吃惊，“为，为什么呀?”小白搅动着杯子里的咖啡，苦笑着说，“他说我不像个老婆，倒像个武则天!”倪涵放下手里的咖啡，陷入了深思。

那天，倪涵没有上班，晚上凌波回来的时候，他看到了一桌子丰盛的菜肴，还有一个大大的蛋糕，上面写着：结婚五周年纪念日。

**聪明的女人懂得“示弱”，要让男人觉得你是一个柔弱的女人，需要他的保护。**

如今，“每个成功男人的背后，都有一个支持他的女人”这句至理名言似乎已经过时，取而代之的是“女人撑起半边天”。然而，女人的成功却或多或少地影响了婚姻家庭的稳定。

据美国健康日网站报道，一项最新研究显示，如今世界正在进入“她时代”，女强人越来越多。但与此同时，在妻子“主外”的家庭中，丈夫们花心、出轨的情况也日益增多。这一情况在中国也很常见。

在我国传统的观念中，男人是家里的顶梁柱，男人有养家糊口的责任。随着女人经济上越来越独立，女人几乎和男人站在了同一高度，甚至比男人更出色，这就会让男人觉得很没面子，很失败，也很无奈。

在这个故事中，倪涵是个典型的女强人，事业要比凌波成功得多，因为比丈夫优秀，所以，在潜意识中有一种高傲的心理，经常以一种类似“家长”的身份，动不动地对凌波指手画脚。而凌波本身已经因为不如妻子感到自卑，再加上妻子言语的中伤，更让他觉得不被尊重，在这个家里没有说话的分量。

不过，好在倪涵能从好友失败的婚姻中吸取教训，采取“软”手段来挽回婚姻。但在现实生活中，多数的女强人为了保持独立和尊严，不会像倪涵一样向丈夫示弱，这是导致婚姻破裂的一个重要方面。

另一方面，男人由于受雄性荷尔蒙的影响，都渴望征服别人，保护弱者。当妻子表现得比男人更男人时，他的心理就会发生微妙的变化，他会寻找其他途径满足内心的需求，最可能的方式就是发展婚外情，寻找一个需要自己保护的女人，让他感觉自己像个男人。

有一句话是这样说的：“只有女人更像女人时，男人才会更像男人。”在事业中，女人无论多么优秀，在男人面前都要学会“示弱”，尊重丈夫，给他表现的机会。比如，你可以时不时地向丈夫撒娇，诉说工作中的不顺心，请丈夫帮忙出主意。让丈夫有表现的机会，使他的内心得到满足，他自然就不会到外面寻找“弱者”了。事实上，很多女强人都是外强内弱，在成功的背后，都需要一个有力的肩膀作支撑，只是不愿意表达出来而已。

同样，男人过于优秀，也会给女人带来压力，只不过受几千年夫权思想的影响，这种情况表现得不够明显。在成功男人的背后，女人会变得自卑，变得敏感多疑，她会想尽办法掌握男人的一举一动，担心他们会有出轨行为，最终使男人忍无可忍。

其实，我们每个人内心都有脆弱的一面，都需要别人的关心和帮助，可是，我们却习惯了自己扛，即便是自己无法承担，都要咬牙坚持。这又何必呢？为什么不把这个机会交给自己的爱人？恰到好处的示弱，既可以使自己获得帮助，又能增进夫妻感情，何乐而不为呢？

# 爱一个人，不是以失去自我为代价

在我的眼里，你是我的全部，没有你的日子，我不知如何度过，我会傻傻地望着窗外发呆，直到我看见你高大的身影。我会第一时间为你准备好拖鞋，接过你的公文包，递上可口的饭菜。可是，我却渐渐发现，你的眼睛里不再有我。

雯雯已经三个月没见到丈夫武斌了，她怎么也没想到两人再次相见是在法院里。她爱武斌，可以为他牺牲一切，可为什么他会这样对自己，抛弃自己和儿子，在外面有了别的女人，还把自己告上了法庭。想到这些，雯雯在法庭上几次止不住地失声痛哭，质问武斌，而武斌只是冷冷地说：“我不爱你了。”

雯雯与武斌结婚七年了，两人是通过网络相识并相爱的。当初两人在恋爱时，雯雯的父母是极力反对女儿与武斌在一起的，因为他们认为武斌不踏实，将来是不会给女儿幸福的，可雯雯却不能接受父母的建议，非要和武斌在一起。父亲没有办法，只能将雯雯反锁在家里。

一天，雯雯的父母外出办事，雯雯借此机会，跳窗逃跑，与武斌“私奔”了。这件事彻底激怒了父亲，便与她断绝了父女关系。直到两年前，在母亲的说和下，父女的关系才有所缓和，在生米煮成熟饭的现实面前，雯雯的家人才逐渐接受武斌。

雯雯与武斌结婚后，武斌考上了研究生，为了让武斌安心读书，雯雯放弃了进修的机会，努力工作，她白天上班，晚上还要为他人撰写书稿，以增加家庭收入。三年后，武斌研究生毕业，进入一家外企工作，收入还比较乐观。雯雯觉得自己终于熬出了头，她相信自己没有看错人，武斌一定会让自己幸福。

结婚四年后，雯雯生下一个可爱的儿子，幸福的三口之家让雯雯很知足。为了安心照顾儿子，她辞去了工作，在家安心地相夫教子。渐渐地，她发现武斌对自己的态度发生了变化，不是嫌自己做的饭不好吃，就是嫌她不会打扮自己，说她像个半老徐娘。对于武斌的话，雯雯并没有放在心上，她觉得踏踏实实地过日子，照顾好孩子，体贴老公，比什么都重要，这就是她最大的幸福。

半年前，武斌下班的时间越来越晚，回家的次数也越来越少，每次雯雯问他，武斌都会很不耐烦地说：“我要努力工作，不然你和儿子吃什么、喝什么。”但是雯雯还是从武斌躲躲闪闪的眼神中看出了不寻常之处。

雯雯永远记得那个闷热的下午，武斌从外面回来，一脸严肃地对她说："雯雯，我们离婚吧。"雯雯睁大了眼睛，不敢相信这话是从自己深爱的男人口中说出来的，她颤抖地问："武斌，我哪点做得不好，你告诉我，我可以改。求你不要离开我。"

雯雯的卑微并没有博得武斌一丁点的同情，武斌从口袋里拿出一张早已拟好的离婚协议，放在雯雯的面前，"实话告诉你，我不爱你了。早在一年前，我就与公司的同事晓梅好上了，现在她都怀了我的孩子。"雯雯哭着撕碎了离婚协议，武斌冷冷地丢下一句话，"你不同意，那咱们就法院见。"从此，武斌再也没有回过家。

**你可以爱他，但不可以为了爱失去自我。在婚姻关系中，保持自我，是婚姻长久的秘诀之一。**

处在热恋中的男女，常常会说"你的就是我的，我的就是你的"，好得跟一个人似的，但在婚后，这种关系则会变得很微妙。心理学家认为，在情感中"失去自我"的态度不仅对婚姻无益，而且夫妻之间太过亲密，反而会幸福感不强。

心理学家研究发现，爱人们在不同程度上存在一种"以感情为条件的自尊"（简称 RCSE）。它指的是一个人按照在恋爱关系中的地位来评价自己，失去了自我意识和客观评判。有些极端的人甚至会认为，如伴侣不能证明自己的价值，那就一文不值。而且，美国休斯敦大学研究还发现，RCSE 得分高的人，虽然对感情很专一，但对自己的评价很低。在感情发展过程中，RCSE 高的人容易出现躁狂、偏执的行为。

简单地说，这项研究就是在告诉人们，在夫妻关系中一定要保持自我，不能对对方唯命是从，应该有自己的事业，有自己的兴趣爱好，有自己的朋友圈子，再亲密的夫妻也应该有属于自己的空间。这是婚姻幸福的秘诀。

但在现实生活中，很多人却逐渐在婚姻生活中迷失了自我。比如，出去逛街的时候，女人首先想到的是给丈夫买一件新衣服；外出就餐时，男人想到的是去哪一家餐厅更适合妻子的口味。

在雯雯与武斌的故事中，雯雯为了武斌放弃了亲情，放弃了进修的机会，为了家庭放弃了工作，结果却是丈夫越来越嫌弃她，在外面有了别的女人，放弃了她。直到武斌提出离婚时，雯雯依然卑微地求武斌再给她一次机会。雯雯的结局是可悲的，却是值得人们深思的，她的故事告诉我们：为了爱而牺牲自我的做法是不可取的。

一对男女相爱走到一起，是因为被对方的“个性”所吸引，一个没有自我的人又怎能获得别人的爱呢？这是其一。

其二，夫妻之间只有共同进步，共同成长，婚姻关系才会稳定，试想一下，如果一个男人在外面接触的女人，个个漂亮时尚，能力突出，回到家里，看到自己的老婆却是蓬头垢面，不修边幅，只会烧饭、哄孩子，他的心里会怎么想？夫妻落差大，感情就容易出现裂痕。

如果你不想被对方抛弃，希望在对方的眼里永远那么迷人，那就保持自我吧，给彼此一个真空期，定期“撇开”爱人，只和自己的好友在一起；每天花一点儿时间做自己喜欢的事情，而不让爱人插手；最好能够来一次单独旅行，让对方感觉到你不在他身边，他是多么思念你。

永远不要活在对方的影子里，要拥有自己，不要为了别人而失去自我。学会爱，懂得如何去爱自己，才会懂得如何去爱别人，如何经营你们的爱。

# 丈夫的面子，婚姻的里子

每个男人都好面子，就像穷人喜欢装富，丑女喜欢化妆一样。男人可以为心爱的女人奉献一切，买洋房、开豪车，只要他有能力，他的女人喜欢；而他对女人的最低要求就是，在外人面前，给自己留足面子。

一个月前，杜威被提拔为总经理，成了公司里的一把手，手底下管着上百名员工，公司里的每个人见到他，都是笑脸相迎，嘴巴上一句一个“杜总”地叫，很是威风。杜威是个好面子的人，又有这么多人捧着，自然是春风得意。

可你别看杜威在公司里如此威风、得意，一回到家里，站在泼辣老婆梁婷婷面前，立马变成一只温顺的小花猫，一会儿帮老婆捶背，一会儿帮倒洗脚水，关怀得无微不至。杜威爱梁婷婷，他觉得只要没有外人，在老婆面前，怎么做都可以，所以，对老婆的呼来唤去，他并不生气。

梁婷婷对老公的顺从很是得意，常常在朋友面前有意无意地炫耀。一个周末的下午，杜威去公司加班，梁婷婷很无聊，便打电话约了几个姐妹到家里来玩，女人在一起，话题自然离不开自己的老公。“婷婷，你家老公真厉害，年纪轻轻就坐上总经理的位置了，你太幸福了。”“是啊，你可得看好自己的老公，小心被他们公司里年轻漂亮的女孩儿给勾走了。”“还有，你可得把你们家的‘财神’伺候好了，他可是劳苦功高啊！”

姐妹们你一句我一句，言语中透露出对梁婷婷的羡慕，梁婷婷微微一笑，“好姐妹们，你们就放心吧，我让杜威往东，他不敢往西。”姐妹们撇了撇嘴，表示不相信，梁婷婷看姐妹们不相信，就得意地说：“每天晚上，我老公帮我捏背泡脚，你们的老公能做到吗？”

就在梁婷婷正炫耀的时候，杜威回来了，为了求证梁婷婷说得是否是真的，其中的一个姐妹便问：“杜总，听说你每晚都给梁婷婷女士捏背泡脚，是不是真的呀？”杜威把眼睛瞟向了妻子，心里十分不爽，哼哼了两声，就进了书房。

过了一会儿，梁婷婷有些口渴，就朝书房喊：“杜威，你给我们切个西瓜吃吧，我们聊得好渴。”杜威虽有些不高兴，但碍于有外人在场，便顺从了妻子的要求，切了西瓜，然后回到书房。“你家老公可真好，又能赚钱，对你又好，真羡慕你。”

梁婷婷吃了一口西瓜，叹了一口气说：“杜威人挺好，又能赚钱，就是长得不帅。我告诉你们，以前我谈的几个男朋友都比杜威帅，有一个一米八高，是学校的体育委员，打篮球可厉害了，每次他一上场，场外女生嗷嗷尖叫……”

躲在书房里的杜威听到妻子在外人面前这样说自己，非常生气，想让她早点住嘴，便说：“婷婷，做饭吧，我有点儿饿了。”姐妹们一看，这是下了逐客令，纷纷离开，有人还打趣地说：“我也要回家做饭了，不打扰杜总给你泡脚了。”

众人走后，杜威气呼呼地对妻子说：“你怎么什么事情都和别人说呢？传出去多不好。”梁婷婷不以为然地说，“姐妹们到一起，嘚啵几句自己的老公很正常。上次我还和她们讲，你为了给我道歉，还主动跪搓板了呢。”杜威气得咬牙切齿，和妻子大吵了一架。

**聪明的女人应该知道，男人视面子如命。在外人面前，她会竭尽全力维护男人的尊严。**

在家庭这个小圈子里，夫妻谁大谁小，谁说了算数，都无关紧要，但有外人在的时候，一定要给老公留足面子，因为男人视面子如命，容不得丝毫的伤损。在日常生活中，我们经常听到男人说：“太没面子了。”“给点面子行不行？”这说明男人渴望被尊重，尤其是在异性面前，他们渴望被认可、被尊重。

那么，男人为什么把面子看得如此重要呢？因为在人们的头脑当中，对男人的印象应该是顶天立地的、是坚强的、是勇敢的，而且男人从小受到的教育也是这样的。当一个小男孩儿不小心摔倒，大声啼哭时，他的母亲会告诉他，“孩子，你是一个男子汉，男子汉是不应该哭鼻子的。”

实际上，男人并不像大家认为的那么坚强，只是碍于面子，他们不愿意承认罢了，美国《公共卫生期刊》公布的一篇调查报告显示，男人比女人平均少活五岁，在前15大死因中，男性有14项高于女性。男人不仅在身体出现问题上喜欢硬扛，就是心理出现问题时，他们也不愿意面对。据相关调查显示，男人因心理问题而自杀的概率是女人的四倍。

从两组数据中，我们也能依稀感觉到男人是多么在乎面子问题。然而，很多女人却不了解男人的这一心理，总是有意无意地在外人面前长其他男人的志气，灭自己男人的威风，在女人的谈笑声中，将男人说得一文不值。这是男人最不能容忍的事情。这就像你做了整容手术，被别人当众揭穿一样，你心里肯定会非常不舒服。

所以，聪明的女人一定要记得维护丈夫的尊严，在公众场合，有些话题是坚决不能谈的。下面我们就来看看故事中的梁婷婷都犯了哪些禁忌。

首先，不要谈私生活。

女人聚在一起，最喜欢聊的就是私生活，故事中的梁婷婷把老公给她捶背、泡脚甚至是跪搓板的事情，当成谈资向朋友炫耀。在男人看来，这无疑是在告诉别人他是个妻管严。其实，大多数男人并不在乎自己是个妻管严，关键是不能让外人知道。

其次，不能当他的面夸另外一个男人。

梁婷婷在朋友面前将自己以前的恋爱对象与现在的老公杜威进行比较，这是任何男人所不能容忍的。就像女人不能接受男人当着自己的面夸奖别的女人一样，这会让男人觉得你看不起他。

最后，不能评论男人的长相。

梁婷婷将自己对老公长相的不满暴露在公众面前，这也是一大禁忌。别以为只有女人会在意自己的外表，其实，男人同样在意。

总之，一个聪明的女人应懂得如何在外人面前树立老公的光辉形象，不让他在外人面前跌份，让别人觉得他在家里说一不二。女人应该记住：男人有了面子，婚姻才有了里子。

# 男人，忘性真的很大

“亲爱的，还记得我们第一次约会吗？”女人问男人。“哦，记得。”男人表现得很不自信。“那天是几号？我穿的是什么颜色的衣服？”男人彻底呆住了，迎面撞上女人期待的眼神……“这么重要的日子，你都不记得，可见你心里根本没有我。”女人跑开了，男人依然挠着头冥思苦想。

吴娇是个细心的女人，对丈夫王红军体贴入微，丈夫爱吃什么菜，喜欢穿什么衣服，喜欢什么运动，她心里都十分清楚。周一是丈夫公司开例会的日子，她会为丈夫准备一套比较正式的衣服；丈夫吃油炸食品，脸上会起痘痘，吴娇准备早餐时，向来做得很清淡。还有，丈夫什么时候过生日，公婆什么时候过生日，吴娇都牢牢地记在心里，在家人生日到来的时候，会为他们送上一份惊喜。

与吴娇比起来，王红军就显得大大咧咧了，他不知道妻子什么时候过生日，不知道结婚纪念日是哪一天，更不知道妻子喜欢什么、不喜欢什么。结婚之初，吴娇虽然对丈夫的不细心有些小意见，但还能忍让，但日子长了，吴娇的心理就不平衡了，渐渐地开始抱怨丈夫。

一次，吴娇过生日，早在一星期前，她就告诉了王红军，并且委婉地说出自己想要一件大红睡衣作为生日礼物，王红军答应得很爽快，吴娇心里很高兴。盼望着、盼望着，生日那天终于到了，吴娇准备了一大桌子饭菜，左等右等，当时针指向八点时，王红军终于回来了。“老婆，今天是什么日子，做了这么多菜？”

丈夫的一句话，让吴娇满怀希望的心立马跌入谷底，取而代之的是升腾的怒火。“王红军，你知不知道今天是我的生日啊？我早就告诉你了，你的忘性有那么大吗？我们结婚五年了，你从来没给我过过一个生日，你过生日的时候，我是怎么对你的呢？”妻子的愤怒与指责，让王红军恍然大悟，“对不起，我，我忘记了。”

然而，王红军的道歉并不能让吴娇消除心中的怒火，“如果明天我忘记给你准备早餐，你会怎么样？如果周一的时候，我忘记帮你整理好西服，你会怎么样？如果我忘记你的生日，你会怎么样？”吴娇越说越激动，因为她认为丈夫不记得自己的生日，就是心里没有自己，根本不爱自己。王红军沉默了，没有说话。

一个星期后，王红军从商店里买回一件大红的睡衣，还有一个腰部按摩器，吴娇诧异地看着丈夫，“你，你怎么知道我想要这些东西?”王红军笑了笑，从公文包里拿出一个小本子，递给吴娇，吴娇好奇地打开本子，上面清晰地记录着这几天她说的话：5月6日，妻子说她腰痛，如果有一台按摩器就好了。5月7日，妻子说睡衣穿得太久了……

吴娇仔细地看着，眼睛不由地湿润了，“老婆，我爱你，可我总是忘记一些重要的事情，以后我就把它记在小本子上，这个本子就叫‘爱情记账本’，这样我就不会忘记了。”看着丈夫一脸严肃的样子，吴娇破涕为笑。

**女人请别嫌你的男人忘性大，因为他与女人不同，这是他的特权。**

可能很多女性都会和吴娇有同样的感受，对丈夫的喜好了如指掌，把丈夫照顾得体贴周到，而丈夫不是不了解自己的喜好，就是在关键时刻掉链子，不记得自己的生日，不记得结婚纪念日。这些重要的日子都不记得，更别指望他记得你们第一次约会是什么时间，约会时你穿的是什么样的衣服。

由于付出与回报相差太远，女人心理很容易失衡，她们会认为丈夫之所以会这样，是因为心里没有自己，否则不会如此健忘。听起来，这个逻辑似乎很正确。不过，研究人员的发现，却与女人的想法不大一样。

研究者发现，男性和女性在脑中产生记忆的区域不同。大脑的情绪中心对女性记忆发挥着重要作用，男性倾向于视觉强的关键性记忆……而且男人的烂记忆水平会伴随他们一生。以上这句话的言外之意就是，男人忘性大，情有可原。

对于这个研究结果，女人是不是有些失望呢？不管怎样，女人必须接受这个事实，对于男人的遗忘要么原谅，要么遗忘。总之，不能抱着男人的这个“缺点”不放，否则就是自寻烦恼，用生气调剂生活。其实，不仅是这个问题，婚姻中很多小矛盾、小问题，本没有多大的事情，往往因为我们想得太多，无端生出许多的烦恼。

心理学家曾经做过一个有趣的实验，实验者每周日把下周的烦恼写下来投入烦恼箱。三周后他在试验者面前打开箱子逐一核对每项烦恼。结果90%的烦恼都没有发生。统计所得，一般人的忧虑有40%属于过去，有50%属于未来，只有10%属于现在，而92%的忧虑从未发生过，而剩下的8%则是能够轻易应付。这说明很多烦恼都是人们凭空捏造出来的，根本不会发生，其结果就是没事找事，把自己整得神经兮兮的。

这个故事中，王红军忘记了吴娇的生日，是不对，但罪不至死，吴娇没必要非和丈夫吵得天翻地覆，即使吵得天翻地覆，也不能保证下次他会记住你的生日。我有一个朋友，曾经跟我说，她每年的生日，丈夫都会忘记。于是，她就想了一个办法，每当丈夫提起她的生日时，她就立马决定今天过生日，缠着丈夫给她买礼物，这样，她就不会错过每一个和丈夫一起过生日的机会了。而且，有时她一年会骗着丈夫陪她过两个生日。

你看，忘性大，不是也有好的一面吗？所以，婚姻中一些无原则的小事情，没必要斤斤计较。只要你爱的那个人懂你，就是最大的幸福。也许这个人不一定十全十美，但他能懂你，知道你在想什么，会陪在你的身边默默地关心你、疼爱你、守护你，不让你受委屈，这就够了。

幸福的婚姻是一笔糊涂账，睁一只眼闭一只眼，糊涂一颗心，幸福一辈子！

# 我需要你的赞美

你是否记得多久没有听到丈夫的赞美了，你是否记得多久没有表扬丈夫了？如果你想了很久，都没有想出来，那么，我相信你的婚姻平淡得像一潭死水。婚姻需要经营，经营需要智慧，而真实的赞美就是一种智慧。

蓝天与朱莉从民政局出来，两人握了握手，蓝天说了句“再见！”朱莉故作轻松地笑了笑，“永远不见！”蓝天无奈地摇摇头，朝着相反的方向离去。在转身的一刹那，朱莉的眼泪流了下来，她不明白自己的婚姻到底出了什么问题，自己又做错了什么，蓝天非要和自己离婚，思来想去，只有一种可能，那就是丈夫有了外遇。

蓝天与朱莉只用了一个星期就结束了七年的婚姻，他们没有争吵，没有挽留，从提出离婚到办理离婚手续都很迅速。朱莉说，既然不爱了，就不要拖泥带水，她没有挽留丈夫，丈夫也没有求和的打算，就这样离了。

婚是离了，可是很长一段时间，朱莉的心里像是即将爆满的俄罗斯方块，憋得她喘不过气来。因为她不知道自己输在了哪里，没有那个女人漂亮，还是没有她贤惠。抑或是能力不如她，这个看不到、摸不着的假想敌，让朱莉抓狂。

半年后，蓝天打来电话，“朱莉，我想请你吃个饭，我找到了理想的伴侣，结婚之前，想和你见上一面。”朱莉心里很不是滋味，但她还是很爽快地答应了，“好啊！也让我见识一下你未来妻子的庐山真面目，带她一块儿来吧。”挂了电话，朱莉去美容院做了美容，她不想输给蓝天的未婚妻，对这个女人，她是又恨又嫉妒。

那天，蓝天一个人来了，看起来比以前精神了很多，“朱莉，你比以前漂亮了。”朱莉冷冷地一笑，“以前，我要是漂亮，你会和别人跑了吗?”蓝天愣了一下，“你是说我有外遇?”“你没有外遇，为什么急着和我离婚，又这么快找到了如意女郎?”朱莉冷嘲热讽地说。

蓝天的眼睛望向窗外，“我没有外遇。”朱莉不相信地摇了摇头。蓝天转过头，“朱莉，你没有变，还是老样子，说话还是那么尖酸刻薄。”“你没有资格批评我，我尖酸刻薄，也比你虚伪好得多，到现在你都不敢承认有外遇。”

蓝天刚想发火，但他很快平静下来，长长地舒了一口气，“我急着和你离婚，是希望你能挽留我，可你没有……你给我的感觉总是高处不胜寒。我是做销售的，工作压力大，当我取得成绩时，我会第一时间告诉你，可你总是冷冷地说，有什么了不起的。你知道我多么想听到你的赞美，可你从来不说，总是说我没用。”

听完蓝天的话，朱莉的眼睛湿润了，眼前的男人开始变得模糊，她没想到问题出在自己身上，更没想到离婚的原因是丈夫需要她的赞美。“那你怎么不早跟我说呢?”“算了，我说过，你不记得。过去就过去吧，我以为你会变，可你没有。如果你变了……”蓝天摆了摆手，起身，离开了。

**世上没有不争气的男人，只有不会赞美男人的女人。**

马克·吐温曾经说过：“只凭一句赞美的话，我就可以活上两个月。”赞美可以温暖一个人，可以给人希望，可以给人力量。这个道理谁都懂，与朋友、同学、同事相处的过程中，我们会由衷地赞美对方，却经常忽略身边最近、最亲、最爱的人，对爱人更多的是鞭策、是唠叨、是抱怨，却十分吝啬一句赞美的话。

可能你会说，因为是自己人，所以，不需要冠冕堂皇的赞美。当你花了一上午的时间为爱人做了一桌子饭菜时，爱人回到家，低头就吃，不说一句话，你是否会感到失落，是否希望他能够夸奖一句?

婚姻生活可以是平淡的，也可以是激情的，关键是看你如何去经营。在这个故事中，朱莉爱蓝天，蓝天也爱朱莉，可蓝天无法忍受朱莉的“吝啬”，对他只有尖酸刻薄的讽刺，没有欣赏，没有赞美。当工作上取得成绩时他多么希望妻子能够赞美他一句，当工作上承受巨大压力时他多么希望妻子能鼓励他一句，可他收获的却是妻子的不以为然，甚至是冷冰冰的讽刺和挖苦。

心理学家认为，时时用使人悦服的方法赞美人，是博得人们好感的好方法。记住，人们所喜欢别人加以赞美的事，便是他们自己觉得没有把握的事。

希腊神话中有一个故事。塞浦路斯的国王皮格马利翁非常喜欢雕塑。一次，他用一块象牙精心雕塑了一个美女像，给她取名为“盖拉蒂”。这尊雕塑太完美了，皮格马利翁逐渐爱上了“盖拉蒂”，每天对着她倾诉绵绵情话，赞美她的美貌，真诚地希望她能够幻化为人形，成为自己的妻子。最终，皮格马利翁的痴心感动了女神，雕像化作一位楚楚动人的美女，皮格马利翁终于梦想成真。

心理学上有一个“皮格马利翁效应”，就是从这个故事中总结出来的，是指热切的期望与赞美能够产生奇迹：期望者通过强烈的心理暗示，使被期望者的行为达到预期要求。这又被称作“罗森塔尔效应”和“期待效应”，是由美国著名心理学家罗森塔尔和雅各布森在一次经典的实验后共同提出的。

1968 年，罗森塔尔等人做过一个著名实验。他们到一所小学，在一至六年级各选三个班的儿童进行煞有介事的“预测未来发展的测验”，然后将认为有“优异发展可能”的学生名单通知教师。其实，这个名单只是随机抽取的。它是以“权威性的谎言”暗示教师，从而调动了教师对名单上的学生的某种期待心理。

八个月后，再次智能测验的结果发现，名单上的学生的成绩普遍提高，教师也给了他们良好的品行评语。这个实验取得了奇迹般的效果，人们把这种通过教师对学生心理的潜移默化的影响，从而使学生取得教师所期望的进步的现象，称为“罗森塔尔效应”。

这个实验是不是很奇妙，你是不是感受到赞美与期待的神奇作用？如果你想拥有一个阳光自信、充满激情的伴侣，那么，从现在开始赞美他吧。

用充满积极的言语来表扬他，一句“亲爱的，你太棒了”的力量是惊人的；把他和自己崇拜的人放在一起比较，他会觉得自己很了不起，使潜能得到激发；告诉他，今天谁夸奖了他，男人都很在乎周围人的评价的；在他遭遇挫折的时候，告诉他，事情并没有他想象的那么糟糕，你在我心里永远是个强者。

希望你的男人下厨为你做饭吗？你就夸他厨艺高超吧。希望你的男人多做家务吗？你就夸他勤快吧。希望你的男人更加爱你吗？你就夸他温柔吧。

# 婚姻从冷战走向冷漠

一句对不起，一个抱歉的微笑，一个爱抚的动作，都能让彼此放下成见，可是，在婚姻生活里，我们总是习惯吝啬，总是习惯等待，总是习惯端架子，最终，使我们的婚姻从冷战走向了冷漠。

熊坤一进门，闻到一股方便面的味道，朝餐厅望了一眼，宁宁正在吃方便面。宁宁听到动静，抬头看了看站在门口的熊坤，没说话，低着头继续吃面。熊坤嘴角浮现一丝冷笑，他已经习惯了这种无声的生活。

熊坤和宁宁这对小夫妻冷战近五个月了，生活在同一间房子里，却像两条不相交的平行线，你不理我，我也不理你；你上你的班，我做我的工作；你做你的饭，我吃我的面。虽然两人都觉得这样生活很憋屈、很难受，但谁都不愿意先向对方说句软话，日子就这样一天天过着。

熊坤与宁宁结婚快五年了，结婚之初，两人是针尖对麦芒，有什么事情吵得天翻地覆，吵完、闹完，雨过天晴。可相处的时间长了，两人都懒得指着对方的鼻子骂了，而是慢慢转向冷暴力，互不搭理。其实，这次小两口吵架也没多大的事儿，就是一场误会。

事情还得从几个月前说起，宁宁的一个大学同学李海前些日子来北京旅游，约宁宁见了一面。因为考虑到当时与李海有过一段初恋，而且这事熊坤也知道，宁宁担心丈夫会多心，就没跟他说，偷偷地去见了李海。

那天晚上，宁宁回到家，熊坤问她怎么这么晚回家，她就顺口编了一个谎话，说是公司加班，说完就去洗澡了。就在宁宁洗澡的时候，她的手机响了，正是李海打过来的，他想问问宁宁有没有到家。听到电话声，熊坤接通了电话，使宁宁的谎言彻底被揭穿。

“宁宁，你去见你的老情人，还骗我说加班。没想到，我和你结婚这么多年了，你还不忘旧情。”宁宁从浴室走出来，熊坤把手机重重地摔在她的面前，愤怒地说。宁宁连忙跟他解释，“不是这样的，我是担心你多心，才骗你的，不是有意的。我和他真的没有什么。这次他来北京旅游，是带着妻子、孩子来的。”

被愤怒冲昏了头脑的熊坤听不进妻子的解释，固执地认为妻子就是背着他与旧情人约会去了。见丈夫如此不可理喻，宁宁不再说话，想让丈夫冷静下来，再跟他沟通，而熊坤却错误地认为，宁宁不说话，是因为心里有鬼，更加生气。

晚上，宁宁想借着和丈夫亲热的机会，跟他解释一下，不料，她刚走进卧室，关好门，熊坤就把被子、枕头一股脑儿地丢了过来，狠狠地说了一句“睡在地上”，然后转过身，背对着宁宁，用被子把身体裹了起来。

宁宁被熊坤的这一举动彻底激怒了，“既然这样，我就和你扛上了，我看谁扛得过谁。”她在心里默默地发誓，一定不能向丈夫投降。于是，两人从那天起，就开始了漫漫无期的冷战，这一战就是一个多月。慢慢地，宁宁觉得听不到丈夫的声音挺好，不会那么烦；熊坤也感觉没有妻子的唠叨，日子过得反倒舒坦。夫妻感情就在日复一复的冷战中逐渐变得冷漠，两人形同陌路。

**总想通过冷战来迫使对方低头，哪怕是对方说一句对不起，你就会愉快地收起冷面孔。可你怎么不知道，他也是这么想的呢？**

看了宁宁与熊坤的故事，是否有种似曾相识的感觉？或许对于大多数夫妻来说，当夫妻间发生矛盾时，最直接的表现方式不是真枪实弹的斗争，而更多表现为冷战。可能你会觉得冷战无非就是谁也不理谁，又不摔东西，又不打人，多好，总比吵得面红耳赤、血压升高强得多，其实不然。

冷战是婚姻的沉默杀手，它比争吵更可怕，当夫妻两个人都觉得没有吵得必要时，往往也是婚姻走向死亡的时刻。前面我们提到，夫妻学会“吵架”才会幸福，吵架可以将心中的不满、愤怒发泄出来，缓解压力，使自己感到放松、舒畅，同时也能让对方了解你的心理需求。

冷战虽说也是夫妻间的一种沟通方式，但心理学家认为，这是最不恰当的沟通方式。因为冷战拒绝了夫妻间的语言沟通，而使问题无法得到合理的解决，这是极具破坏性的沟通方式。关于冷战的危害，我们先从一个故事说起。

美国芝加哥郊外的霍桑工厂是一个制造电话交换机的工厂，有较完善的娱乐设施、医疗制度和养老金制度等，但工人们仍然愤愤不平，生产状况很不理想。后来，心理学专家专门对其进行了一项实验，即用两年时间，心理学专家找工人个别谈话两万余人次，规定在谈话过程中，要耐心倾听工人对厂方的各种意见和不满。这一谈话实验收到了意想不到的结果：霍桑工厂的产值大幅度提高。

我们把这个心理学规律叫作“霍桑效应”，也称为“宣泄效应”。也就是说，在诉说心中的不满之后，会有一种发泄式的满足，让人感到轻松、舒畅，如此可使人们更加积极、更加自信。有生活经验的人，都有这样的体会：遇到愤怒的事情时，如果不能找到一个合理的途径，将内心的不良情绪发泄出来时，我们很难积极地投入到工作、生活中去。

同样的道理，夫妻吵架了，如果能将这种不良的情绪合理地发泄出去，心里会非常舒服，不仅不会影响夫妻感情，反而能增进夫妻感情。而冷战就像两个打满气的气球，虽然两人心里都有气，都有火，却都憋着，不发泄出来。这样，久而久之，不仅伤感情，还极有可能造成“大战”的最终爆发。

就像故事中的宁宁和熊坤一样，两人因为赌气谁都不理谁，谁都不轻易放下清高的身段，端着所谓自尊的架子，终于在日复一日的冷战中，夫妻感情由冷战变成了冷漠，成了陌生人。这样的婚姻结局可想而知。

当然，适时适度的冷战对缓解婚姻冲突是有帮助的。比如，在熊坤火冒三丈的时候，宁宁默不作声，她想给丈夫一个冷静的时间，这是好的，我们可以称之为“冷处理”。这样可以避免矛盾扩大化，避免冲突加剧。但是，事后再采取默不作声的方式就不对了，因为不合时宜的冷战只会加深对方的误解，使冷战进行到底。所以说，选用冷战策略时，一定要选对时机，见好就收。

处于冷战状态的夫妻，不妨静下心来认真想一想：冷战究竟会有什么好处？这样冷战下去，问题就能迎刃而解吗？如果谁都不先低头，以后该怎样收拾残局？真的会选择离婚吗？

如果你想通了以上问题，我相信你，一定知道该怎么做了。放下身段，先开口结束冷战吧，这没有你想象得那么丢人，无非就是把错误承担下来，能有多大的错误呢？这没有多么大不了，相反，你的这种做法还显示了你的大度，既彰显了你的高贵品德，又化解了夫妻矛盾，是一举两得的美事。

婚姻里没有对和错，所以，谁先向谁低头，都不跌面子，您说对吗？

# 要想好好爱她，就先读懂她

一向脾气温和的妻子，这几天却一反常态，不是朝我发无名火，就是婉转地盘问我，有时还会躲在一个角落里神秘兮兮地盯着我看上老半天，像是有心事，但欲言又止。在我看来，女人永远都是一个未解的谜。

胡爱国是中学教师，邹芳菲是名瑜伽教练。胡爱国比邹芳菲整整大三岁，两人认识是在六年前，胡爱国是在同学聚会上认识邹芳菲的。邹芳菲是他同学的表妹，那时她还在上大学，因为邹芳菲上学的地方与胡爱国的工作单位不远，同学便托胡爱国多多照顾邹芳菲，就这么一来二去的，两人谈起了恋爱。

胡爱国喜欢邹芳菲孩子般的调皮，和她在一起，胡爱国觉得自己找回了失去的童年。他小时候是在严父慈母的教育下长大的，从小就是个听话的孩子，上中学的时候和女同学说话还脸红，所以，直到三十好几了还没谈过恋爱。

和胡爱国接触久了，邹芳菲也慢慢喜欢上了这个大哥哥，电脑中病毒了，一个电话，胡爱国会跑过来帮忙，三下五除二就可以搞定；晚上想去逛街，叫上胡爱国，多晚都不怕；搬个家，提个重物，胡爱国人高马大的，绝对是好帮手，一个顶两个。恋爱一年多后，邹芳菲大学毕业了，两人很快走进了婚姻的殿堂。婚后，两人虽然也会偶尔发生争吵，但日子过得还算太平。

十月的一天，邹芳菲接到母亲的电话，母亲在电话里哭哭啼啼，通过询问，邹芳菲得知父母离婚了，原因是父亲在外面有了别的女人。其实，对于这一点，她一点都不意外。因为上高中的时候，父亲就曾经做过对不起妈妈的事情，后来，在家人的劝说下，父亲回归了家庭。

母亲在电话里再三叮嘱邹芳菲，一定要看好胡爱国，男人都喜欢偷腥儿。邹芳菲本来就比较敏感，再受家庭环境的影响，她开始变得小心翼翼了。她认为，要想拴住一个男人，就要在他面前永远做个小鸟依人的样子。

每次胡爱国下班回来，邹芳菲都会黏在他的身边，问些很俗套的问题，“爱国，你爱我吗？”胡爱国坚定地说：“爱！”她又问：“如果有一天，我老年痴呆了，你还会爱我吗？”胡爱国想了想说：“依然爱！”邹芳菲却噘起了小嘴巴，“你犹豫了，说明你不是真心爱我，只爱我的外表。”起初，胡爱国还会哄哄妻子，时间长了，他觉得妻子是耍小孩儿脾气，对她的问话，爱理不理的。

晚上睡觉的时候，邹芳菲喜欢枕着丈夫的胳膊入睡，这让胡爱国很难受，早晨起床胳膊酸痛酸痛的，上课的时候胳膊都抬不起来，无法写板书。所以，他坚决地拒绝了妻子的要求。渐渐地，邹芳菲感觉受到了冷落，心里很不是滋味，她开始抱怨丈夫，“你没有以前一半好，现在你不喜欢听我说话，不喜欢我枕着你的胳膊入睡，逛街的时候不喜欢我拉着你的手，总是不给我买好看的衣服。”

一次两次，胡爱国只当妻子耍耍脾气，时间长了，他越来越无法忍受妻子的无理取闹，两人开始了无休止的争吵，现在他只要看到妻子噘起小嘴巴，用甜得腻人的声音说话，他立马逃之夭夭。这也让邹芳菲越来越肯定丈夫不再爱她了。

**女人的外在表现往往是内心需求的反映，了解了她的内心需求。你会发现，她并不是你认为的那样不可理喻。**

心理学认为，人际交往中有一个增减效应，即任何人都希望对方对自己的喜欢能“不断增加”而不是“不断减少”。比如，销售员在称量东西的时候，总是先抓一小堆放在秤盘里，然后再一点点地添入，而不是先抓一大堆放在秤盘里，再一点点地拿出。

同样，夫妻之间也存在这样的心理，都希望对方能够越来越爱自己，对自己越来越好。可是，婚姻是平淡的，不能永远像恋爱一样充满激情，所以，我们会失落，错误地认为对方不爱自己了，甚至怀疑他（她）有了外遇。

有失落心理是正常的，但是，我们应该调整心态，正确地认识婚姻与恋爱的不同。在故事中，邹芳菲希望自己永远做胡爱国心里的小女人，和他撒娇、耍赖皮，她以为这样能够让胡爱国永远爱她，不离开她，殊不知，这种做法是幼稚的。

不错，男人喜欢小鸟依人般的女人，但是他无法忍受妻子每天在他的耳边喋喋不休地说着肉麻的话，无法忍受妻子总是问他“当老婆和妈同时掉到河里，你先救谁”这种刁钻的问题，更不喜欢造作的妻子。在家里，男人需要的是一个温柔、体贴、善解人意的妻子，而不是一个永远长不大的小女生。当然，为了调剂生活，你可以偶尔做一回邻家小妹，但要学会适可而止。

另外，从这个故事中，我们还能读到一个重要的信息：女人的外在表现往往是内心需求的反映。邹芳菲受家庭环境的影响，担心丈夫胡爱国会像父亲一样寻花问柳，所以，她总是用各种办法来试探胡爱国对她的爱有没有变，对他甜言蜜语也好，枕着他的胳膊入睡也好，都源于她内心的不安全感。

所以，男人应该善于从妻子的表现中读出她内心的需求。谁会猜到女人心里到底想什么呢？其实，答案很简单，她想到的东西只有两样：很多的爱和很多的安全感。

女人天生古怪，喜欢围着男人问些刁钻的问题，让男人目瞪口呆，无法回答。其实，她要的不是答案，而是喜欢看你为难的样子，或者很在乎你重视她的感觉。如果男人心不在焉，女人就会觉得男人没把自己放在心上，不够重视她。

女人逛街的时候，总会不由地挽着男人的手臂，或者拉着他的手，而有些大男人却不喜欢这种黏黏糊糊的感觉。其实，女人是在用这种身体接触的方式来表达自己的善意和亲密，这与男人直来直去的表达方式不同。女人触碰男人的身体，并不完全是要进行肉体上的接触，更多的是精神上的亲近感。

真正的女人，如同一本书，经典、耐读、有韵味，需要男人一生去品读，那些心急，匆匆翻几页，就悻悻地放下了的男人，永远不会读懂。

# 别生气，也许你的男人来“例假”了

一向脾气温和的老公，最近几天脾气怪怪的，下班回家，把公文包重重地摔在地上，一脸的阴沉，像是一头即将发怒的狮子；看电视的时候，手拿遥控器，不停地拨来拨去；女儿过去叫他吃饭，他理都不理，还无端训斥女儿。难道真的如传说中所说的，他来“例假”了？

叶倩的老公樊磊这几天总是神秘兮兮的，下班回到家，就把自己关进书房里，一会儿把头埋在书里，一会儿把书翻得哗啦哗啦作响，看起来烦躁不安。一个月前，樊磊刚刚跳槽到一家新公司，工资和待遇都比较好，就是工作压力有点儿大。叶倩以为老公在工作上遇到了麻烦事，过来安慰道：“老公，工作上的事情别太急了，慢慢来。”

“出去，出去，你让我静一会儿。”樊磊头也不抬，就把妻子赶了出去。叶倩心里想：你有火朝我撒什么气啊！我又没得罪你。叶倩憋了一肚子火，去厨房做饭了。不一会儿，房间里传出一阵嘈杂的声音，只见樊磊拿着电视遥控器一个台接一个台地按，而且把声音调得很高。

叶倩担心会把孩子吵醒，就对丈夫说："你能不能把声音调小一点，不要因为你一个人不高兴，全家人都跟着你遭殃。"樊磊狠狠地瞪了妻子一眼，把遥控器丢到了茶几上，又回到书房继续翻书，时不时地传来阵阵叹息声。

叶倩是个善解人意的好妻子，虽然丈夫一连几天都是多云转阴，但她总是一再忍让，还想方设法地讨丈夫的欢心。"樊磊，吃饭了！"叶倩做了几个拿手菜，都是丈夫爱吃的。樊磊垂头丧气地从书房走出来，坐在座位上。"来，你尝尝这个，你最爱吃的竹笋烧肉，还有这个青椒炒蛋。"

"你烦不烦，吃饭还堵不上你的嘴！"樊磊再次把火撒到了妻子的头上。叶倩一连忍了几天，终于忍无可忍，与丈夫吵了起来，"樊磊，你怎么回事儿，一回到家，你就给我脸色看，我怎么招你了？""好好好，你劳苦功高行了吧。我不吃了。"樊磊把碗重重地摔在桌子上，饭菜撒了一桌子，然后又把自己关进了书房。

樊磊这么一折腾，搞得叶倩也没了食欲，抱着孩子去邻居张阿姨家串门。张阿姨听说了事情的经过后，嘿嘿一笑，说："估计你们家樊磊是来'例假'了。"叶倩扑哧一声笑了，"张阿姨，我知道您是专门治疗妇科疾病的专家，可您也不能说樊磊来'例假'了，一个大男人来什么'例假'？"

张阿姨依然笑着说："你仔细想想，樊磊是不是每个月都会有这么几天？"叶倩沉思了一会儿，细想一下，好像真是那么回事儿，"难道他真的来'例假'了？"她不解地看着张阿姨，"那该怎么办？"张阿姨在叶倩耳边低语了几声，叶倩点头微笑。

叶倩回家之后，见樊磊还在书房里不停地翻书，她没作声，给他冲了一杯牛奶，轻轻地放在桌子上，转身出了门。一连三天，叶倩都没有打扰樊磊，只是默默地关心他。不久后，叶倩发现樊磊的脸上又出现了笑容，又变得生龙活虎了，那个烦躁不安、一脸抑郁的男人完全不见了。

**别以为“例假”是女人的专利，其实，男人每个月也有那么几天很不舒服，很“不方便”哦。**

细心的妻子会发现，自己的丈夫也会像故事中的樊磊一样，每个月总有那么几天情绪不佳，烦躁不安，容易发火，又找不出具体的原因。那么，有可能你的丈夫也来“例假”了。

当然，从生理的角度来说，男人是不可能来“例假”的，但他们会每隔一定的时间，出现情绪上的波动，甚至感觉身体不舒服，医学上称之为男性的“低潮”现象，戏称为男性“例假”。其原因为生物节律变化、男性机体激素水平变化的结果。

一切生物都有生物节律，无论是人的生长发育、心跳、呼吸，还是睡眠、体力活动、情绪变化，都受生物节律的影响，就如同受地球自转影响，有白天与黑夜一样。不过，人们对生物节律变化的影响程度因人而异，有人明显，有人不明显。

德国内科医生威尔赫姆·弗里斯和一位奥地利心理学家赫尔曼·斯瓦波达，通过长期的临床观察发现，在病人的病症、情感以及行为的起伏中，存在着一个以23天为周期的体力盛衰以及以28天为周期的情绪波动。每隔28天，男性体内激素水平开始发生变化，睾丸酮、雄激素的含量会呈下降趋势，从而引发生理上和心理上的变化，常见的表现有头痛、失眠、食欲不振、注意力不集中、心烦意乱等。

此外，心理学家认为，除了生理原因外，生活的压力、工作的烦恼也是导致周期性情绪低落的重要诱因。樊磊的“例假”症状之所以特别明显，与他不熟悉新工作、工作压力大有着密切的关系，从而加重了他紧张、苦闷、失落等不良情绪。

在这里，再给大家讲两个有趣的现象。据说男人的“例假”也会受爱人例假周期的影响。还有一种说法称，男人“例假”受月亮潮汐现象、天气变化影响。不过，这还有待于科学的进一步考证。

了解了男人也会来“例假”的情况，那么，作为妻子如何帮助丈夫度过这个特殊的日子呢？默默地关心他，尽量避免因自己的过错惹怒他；给他足够的自由和空间，等待他自己恢复。就像叶倩一样，静静地为丈夫倒一杯牛奶，转身离开，不说一句话，这是最温馨、最好的做法。让他知道你在关心他，你不会打扰他，就够了。此时说得太多，做得太多，往往会适得其反。

俗话说，最好的医生是自己。当男人出现情绪低潮时，首先要发挥主观能动性，采取适当的发泄方式，排遣内心的不良情绪，比如运动，找人排解情绪，或者听听音乐；而不是把真实的情绪隐藏起来，通过喝酒、抽烟、赌博等不健康的方式表现出来，既害人又害己。

人的情绪有时就像月亮一样，有阴晴圆缺，这是正常现象，不必太在意，只要放松自己，以一颗平常心去对待，一切都会顺其自然。

## 其实我们都没有变，只是越来越接近真实的自己

结婚多年，我的眼里不再有你的优点，只有缺点，而你也开始喋喋不休地抱怨我的种种不是。我们从同路人变成了“冤家”，开始后悔，开始指责对方怎么变成这个样子。可是，为什么当初我们会爱得死去活来，难道我们真的是爱错了人吗？

安东城与韩燕结婚五年了，但两人在一起的时间不过几个月。因为安东城是名军人，一年到头难得有几天休息日，韩燕一个人在家拉扯孩子，挺不容易的，安东城一直觉得愧疚。去年，安东城终于复员回到了地方，结束了天各一方的日子。韩燕很是高兴，两人朝夕相处在一起，起初还有“小别胜新婚”的新鲜感，可好景不长，两人的矛盾就日益凸显出来。

安东城回到家之后，依然保持着军人的作风，早晨六点起床，晚上十点上床睡觉，从不随意改变，而且他还要求韩燕也这样做。可韩燕偏偏是个夜猫子，越到晚上越精神，上网聊

天、看电视，常常到夜里一两点钟才睡，早晨又喜欢赖床。

于是，小夫妻的矛盾首先就由睡觉时间上引出来了。安东城多次做韩燕的思想工作，都没有成功，而韩燕也对安东城越来越不满，她觉得安东城就像是挂在墙上的闹钟，准点睡觉，准点起床不说，就连逛街这样轻松的事情，也会被他搞得紧张兮兮的。和安东城走在街上，总是招来高频率的回头率，因为安东城总像个巡逻的军人，抬头挺胸，阔步向前。韩燕想挎着丈夫的手臂，也会被他一把甩开。

和安东城在一起，韩燕体会不到做妻子的幸福，她想在丈夫面前做个小女人，撒撒娇，可安东城总是一脸的严肃，让她看着都没了兴趣，就连夫妻那点儿事，都变得像例行公事一样。一边是韩燕的不满，另一边是安东城的不解，两人的矛盾慢慢地积累起来，就像即将喷发的火山一样。

12 月的一天，韩燕的公司组织联欢会，韩燕便带着安东城一起参加，想让丈夫见识一下丰富多彩的都市生活，让他尽快跟上都市的节奏，可没想到，两人却因为这件事引燃了离婚的导火索。那天韩燕打扮得十分时尚，化了时下最流行的烟熏妆。安东城虽有些不高兴，但看妻子的兴致很高，便把不满埋在了心底。

到了公司，韩燕大大方方地把安东城介绍给自己的同事，安东城很礼貌地与妻子的同事打过招呼。吃过晚宴之后，公司的联欢会正式开始，韩燕把丈夫安排好后，去了后台。等妻子再次出现是在舞台上，她和两位同事为大家表演了一段钢管舞。看着穿着有些暴露的妻子在舞台上扭动着小蛮腰，台下的人时不时地传来尖叫声，让安东城很受刺激，没等妻子表演完，就跑了出去。

回到家之后，安东城与韩燕发生了激烈的争吵，“我真没想到，你变成这个样子，你怎么这么不要脸！”丈夫的辱骂让韩燕是既委屈又愤怒，“跳舞就不要脸了，我以前就是学跳舞的，你怎么早不嫌弃？你简直就是个木头！”“跳舞可以，可你跳的什么舞蹈，引得台下的男人鬼哭狼嚎的。”韩燕哭笑不得，“你就是个冥顽不灵的东西，跟你无话可说。我们性格不合，离婚！”

**每个人都渴望幸福的婚姻，可每个人都想试图改变对方来适应自己，所以，幸福的婚姻少了许多。**

爱上一个人并不难，难的是在朝夕相处中，彼此看得越来越清楚，还能依然爱着对方。可是，两个人相处久了，我们听到的更多的是抱怨，“你变了。”“你也变了。”所以，抱怨的两个人得出这样的结论：因为你我都变了，所以，我们不再相爱，离婚吧。

其实，很多时候，并不是我们变了，而是越来越接近真实的自己。在恋爱中，面对着自己喜欢的人，我们会有意无意地把自己的缺点伪装起来，尽量表现得完美，表现得合乎对方的要求，甚至有点儿盲从。

结婚后，随着两人相处在一起的时间越来越长，不由得就会把自己的真实面目暴露出来，因为我们已经把对方当成自己的亲人，最信任的人，在你的面前我是放松的，无须伪装的。于是，我们变得越来越真实，让对方看得越来越清楚，而彼此却越来越无法忍受。看来，我们都有点儿像鸵鸟，喜欢自欺欺人，却不愿面对真实的对方。

在这个故事中，安东城和韩燕在朝夕相处的日子里，发现了彼此真实的一面，都无法接受真实的对方，矛盾越积越多，最终韩燕将所有的矛盾归结为“性格不合”，提出离婚。“性格不合”也是很多夫妻离婚的重要理由。

有一句哲学名言说“世界上没有相同的两片叶子”，更何况是两个性格完全相符的人呢！两个人生活在一起，更多的不是改变对方，而是改变自己，接受对方，这就是包容。如果只想着改变对方，那么生活里永远都会充满着火药的味道。不要认为自己做不到，想想当初恋爱的时候，你为什么可以心甘情愿地去容忍、去包容呢?

在故事中，安东城与韩燕的“不幸”婚姻，其根源就在于彼此总是希望对方按照自己的脚步去生活，为自己作出牺牲。这种做法是自私的。心理学家研究发现，人们得不到幸福的婚姻，是由他们自己看待配偶和婚姻的方式造成的。要使婚姻幸福，首先应从自己内心的观念着手，努力用更符合现实、更理性也更有弹性的方式来看待夫妻之间的关系和配偶的行为。简单地说，就是包容。

那么，谁该先作出让步，包容对方呢?心理治疗有句经典的话：谁痛谁改变。而在现实生活中，人们往往习惯反向思维：我痛，你改变。在这个错误思想的指导下，不仅不能解决问题，还会使问题越来越复杂，最终将婚姻变成了解不开的小疙瘩，只有选择最后一步——离婚。

如果两个人的结合像两滴水，你包容我，我包容你，就不会有那么多的矛盾了，夫妻之间就能相亲相爱，直到永远了。

# 攀比是婚姻的悲剧

别人都住上了别墅，开上了豪车，而我还蜗居在80平方米的小房子里，骑着自行车上下班。看到别人比我强，我就受不了，我会打肿脸充胖子。虽然我过着入不敷出的生活，但别人都以为我很富有，可心里却不是个滋味。

薛涛看着还在牙牙学语的孩子，心里五味杂陈，想开口再劝劝妻子何云，但妻子冷酷的表情，让他退却了。他咬着牙，强忍着泪水，用颤巍巍地手在离婚协议书上签下了自己的名字，然后转身躲进了卧室，泪水止不住地流了下来。

薛涛与何云结婚七年了，两人的感情一直很好，但自从去年何云参加完大学同学的聚会后，薛涛发现妻子变了。只要生活中遇到一点不顺心的事情，何云就没完没了地抱怨，“我真后悔，当初怎么会嫁给你。我的同学现在都开上宝马了，咱家连个桑塔纳都没有。还有一个都买了别墅了。哎，我的命怎么这么苦啊!”

其实，薛涛和何云的日子还算过得去，比上不足比下有余。薛涛是一名公务员，收入稳定，待遇好；何云是一家外企的出纳；两人的收入加在一起，一年也有十来万，住的是80

平方米的二居室，月供一千多元。

起初，薛涛对何云的抱怨只是笑笑，他觉得女人嘛都有点儿爱慕虚荣，能理解妻子。可是何云天天这么说，薛涛就有点儿不耐烦了，“何云，你怎么这么不知足呢？当初嫁给我的时候，你不是说公务员好，有保障，现在怎么又开始嫌弃我了？”

“是，当初我是这样说的，可谁想到结婚都六七年了，你还在原地打转。我一个同学的老公也是公务员，现在都是分局的局长了，你怎么不跟人家比比？”妻子又拿别人的老公和自己作比较，薛涛一下子火了，“那你能怪谁，怪你没有眼光，谁让你看上我了。”夫妻俩越吵越凶，到后来竟然发展到大打出手。

自从这件事之后，两人开始冷战，生活在一个屋檐下，却谁也不理谁，最后闹到两人分居。近几个月，薛涛发现妻子爱美了，每次出门前总是精心地打扮一番，打电话也变得躲躲闪闪，而且开始早出晚归。

一天，薛涛无意间在网上看到一则征婚广告，让他如遭晴天霹雳一般，因为这则征婚广告的主角不是别人，正是自己的妻子何云。他和何云大吵了一架，何云似乎早有准备，对薛涛的质问和责骂置之不理，而是冷冷地说：“薛涛，我和你过够了。你给不了我要的幸福，我们离婚吧。”

薛涛一下子呆住了，近乎央求地说，“何云，离婚不是儿戏，你要为我们的宝贝女儿想一想啊！再说了，我们两个也没有多大的矛盾。”何云微微一笑，“我就是为了女儿着想，才不能继续和你过下去，因为你给不了我们娘儿俩幸福。实不相瞒，我已经和一个房地产大亨好上了。”此时，薛涛终于明白了妻子这么些天来异常表现的原因。不久后，薛涛忍痛和妻子离了婚。

**每个家庭都有属于自己的幸福，人不能总仰望别人的幸福，而应该善于发现属于自己的幸福。**

在物欲横流、金钱至上的社会里，我们总是不经意间将自己与他人进行比较。无论何时何地何事，家里买了车，会第一时间开到公司，在同事面前炫耀一番；孩子考了100分，会以最快的速度告诉街坊邻居；有时甚至会因为买了一件新衣服，想方设法到同事、朋友面前显示一番。我们把这种现象称之为“攀比症”。

如果婚姻中存在攀比，那么，这必将是一种悲剧。本节故事中的何云爱慕虚荣，看到别的同学开上了豪车，住上了别墅，再看看自己在80平方米的二居室里，心理失衡了。开始不停地抱怨丈夫，认为自己的“不幸”都源于丈夫的“无能”，丈夫薛涛在忍无可忍的情况下，与之发生了激烈的矛盾。随着何云攀比心的日益膨胀，她开始通过征婚的方式，为自己寻找所谓的幸福，最终导致婚姻的解体。

在心理学上，像何云这样炫耀、攀比的心情和状态，我们称之为“孔雀心理”，这是现代女性非常普遍的一种心理隐患。有这样心理的人，很容易迷失自己，陷入与他人作比较的旋涡中，不可自拔，而且这种人常常是为了强出头盲目攀比。

喜欢攀比的人，往往自尊心都比较强，希望什么事情都强于别人，但由于能力有限而无法实现，便终日郁郁寡欢，牢骚满腹，这时他们就会把自己当成成功者，来求得自我安慰和满足；或者通过炫耀、攀比来维护自尊。故事中的何云攀上房地产大亨，无非是想在别人面前炫耀一番，来维护自尊。这恰恰说明她是极度自卑的。

另外，喜欢攀比的人对身边的人也会有很高的要求，一位心理学家说过："喜欢攀比的人在自己一个人能力有限的情况下，往往会把期望寄托在周围最亲密的人身上，有的妻望夫贵，有的望子成龙。"

何云在自己能力有限的情况下，把自己对美好生活、对幸福的追求，全都寄托在丈夫身上，一旦这种愿望无法实现，她就会毅然决然地选择分手，另寻能给她幸福的男人。所以说，有一个爱攀比的妻子，就好比给婚姻埋下一颗痛苦的种子。

人要学会知足，攀比是永无止境的，比来比去，你不仅得不到幸福，还会迷失自己，到头来痛苦的只有自己。俗话说，家家有本难念的经。也许，你看到的只是别人幸福的一面，殊不知，在你仰望别人的时候，别人也在仰望你。

不要给自己定太多的目标，处处与人竞争，这样会让自己很紧张，一旦目标无法实现，你会非常沮丧、失望。人不能总习惯往高处看，有时候也要低头看看，或者静下心来想一想，你会发现，自己真的很幸福，虽然没有别墅、豪车，但你有一个爱你的丈夫，有一个健康、可爱的孩子，也很快乐呢！

# 学会爱，因为爱

毫无疑问，你爱他（她），很爱很爱，可以为他（她）牺牲一切，可是，你的爱却不一定能得到他（她）的回应，因为他（她）接受不了你的爱。你应该明白：只有学会爱，才能得到爱。

周末的一大早，周立军早早地起了床，妻子田亚文听到动静，问了一句："今天周末，你去哪儿？"周立军不耐烦地回答："加班！"田亚文翻了一个身，又睡着了。直到中午的时候，田亚文才起床，打电话叫上同事小赵一起去扫货。

一个小时后，两个女人兴致勃勃地来到商场，正在挑选物品的时候，田亚文看到不远处有一个身影，特别像丈夫周立军，而且在他旁边还站着一个年轻漂亮的女士，两人有说有笑的，两人的手还紧紧地拉在一起，俨然是一对甜蜜的情侣。田亚文定睛看了看，确定是自己的丈夫之后，立马冲了过去，想当面质问丈夫。

就在田亚文快走到丈夫面前时，同事小赵一把拉住了她，由于周立军与那名女子聊得很投入，再加上商场里人多，他并没有看见愤怒的妻子，才使一场公开在大庭广众之下原配捉小三的闹剧没能上演。

“你拉我干什么？我要当面问问他，那个女人是谁？和他是什么关系？一对狗男女。”正在气头上的田亚文脸憋得通红，破口大骂。“亚文，你这样做，只能让你的丈夫更反感你，认为你没有教养，岂不是让那个女人得逞了？”小赵的一番话让田亚文很快冷静了下来，心有不甘地说，“那我不能成全了他们吧？”

同事小赵把田亚文拉到一家茶馆，在小赵的一番耐心劝说下，田亚文决定接受她的建议，不动声色，给丈夫周立军来个糖衣炮弹，在温柔中消灭他的婚外情。那天，田亚文回家后，就当什么事都没有发生，烧了一桌子周立军最爱吃的菜，对丈夫嘘寒问暖，“老公，周末还加班，真是太辛苦了，来，我给你捏捏肩膀吧。”

田亚文是远近闻名的河东狮吼，平时捶背、捏肩膀的事，都是周立军伺候老婆的，自己可从来没享受过这样的待遇，让他很不适应，半天才缓过神来。吃饭的时候，田亚文一个劲地给周立军夹菜，望着一桌子自己喜欢吃的饭菜，周立军受宠若惊。

从那以后，田亚文一改往日的凶悍，对丈夫是既体贴又温柔。可妻子越是这样，周立军心里越难受，晚上躺在床上，辗转反侧睡不着，越想越觉得对不起妻子，陷入深深的自责之中。经过几天几夜的思考，周立军决定悬崖勒马，结束他的婚外情，回归家庭。

渐渐地，田亚文发现丈夫回家早了，不再有那么多应酬了，对她和孩子比以前更体贴了。一天，周立军问妻子：“亲爱的，你为什么有这么大变化呢？”田亚文笑着说：“因为怕失去你，所以，我学会了爱你。”那一刻，周立军明白了一切，他激动地把妻子拥在怀里，嘴上不停地说：“谢谢，谢谢！”

**盲目地争吵并不能解决问题，还会与你的愿望背道而驰，有时顺从往往会起到事半功倍的效果。**

有一个心理规律叫“南风效应”，也称为“温暖”效应，它源于法国作家拉·封丹写过的一则寓言：北风和南风比威力，看谁能把行人身上的大衣脱掉。北风先来一个冷风凛凛、寒冷刺骨，结果行人为了抵御北风的侵袭，把大衣裹得紧紧的。南风则徐徐吹动，顿时风和日丽，行人觉得身上暖洋洋的，便解开纽扣，继而脱掉大衣。最终，南风获得了胜利。

那么，南风为什么能够达到目的呢？因为它顺应了人的内在需求。这种因启发自我反省、满足自我需要而产生的心理反应，我们称之为“南风效应”。在这个故事中，田亚文将“南风效应”在婚姻生活中发挥得淋漓尽致，她通过温情的方式不仅挽回了丈夫的心，挽回了自己的婚姻，也赢得了丈夫更多的爱。

田亚文的做法是明智的，而在现实中，却有很多女人不懂得这个道理，在丈夫逐步远离自己时，不是想办法拉他一把，却是狠狠地踹丈夫一脚，让他倒在了情人的怀里。因为很多女人在得知丈夫有出轨行为时，哪怕是一点风吹草动，都会非常紧张，采用“呵斥”、“哭闹”，甚至是“棍棒”之类的“北风”式方法，结果使情况越来越糟糕。

有时，在妻子“一哭二闹三上吊”的威胁，加上家人的反复规劝下，男人有可能回心转意，重新回归到家庭中来。破镜重圆本应该倍加珍惜，可惜，有些女人却深陷在“受害者”的身份里，无法自拔，夫妻之间闹点小矛盾，就会把丈夫婚外情的事情搬出来，像个怨妇一样，反反复复絮叨。

心理学里有一个“超限效应”。据说，美国著名作家马克·吐温有一次在教堂听牧师演讲。最初，他觉得牧师讲得很好，准备捐款。过了十分钟，牧师还没有讲完，他有些不耐烦了，决定只捐一些零钱。又过了十分钟，牧师还没有讲完，于是他决定1分钱也不捐。等到牧师终于结束了冗长的演讲开始募捐时，马克·吐温由于气愤，不仅没捐钱，还从盘子里偷走两元钱。我们把这种刺激过多、过强和作用时间过久而引起心理极不耐烦或反抗的心理现象，称之为“超限效应”。

一个拿着丈夫的把柄不停发牢骚的怨妇与这个牧师又有什么区别呢？在你抱怨的时候，你是否想过丈夫的心情？看看马克·吐温的表现，你就应该知道你的丈夫是多么抓狂了。

婚姻出现问题并不可怕，可怕的是找不到解决问题的办法，心理学家建议，在你与爱人发生争吵之前30秒，先问自己三个问题：第一，究竟是什么事情让你生气？第二，这件事情是否很糟糕，需要通过吵架来解决？第三，吵架能解决问题吗？在回答完这三个问题后，你会发现，有些事情根本不值得争吵。

茫茫人海中，两个原本不相识的人走到一起不容易，我们应该在婚姻中学会成长，学会爱对方，选择正确处理问题的方式，婚姻才能持久弥新。

# “离婚”不能轻易说出口

一直以为，她会像我爱她那样爱我。其实，这是我的一厢情愿，因为每次吵架，她都会毫不犹豫地说离婚。于是，我终于在她说了N次离婚之后，含泪同意了。当我们走到民政局门口时，我发现她眼里噙着泪水，这是欣喜的泪水，还是……

国兴是家里的独苗，结婚后，父母急着抱孙子，可妻子田甜事业心强，非要干出一番事业之后再要孩子。一晃两人结婚六年了，田甜的年龄也不小了，在国兴和家人的劝说下，田甜忍痛放下事业，开始了“造人”计划。

一年后，国兴与田甜的女儿降生。因为生育，田甜错过了升迁的机会，心里很不是滋味，对老公和公婆都有些不满，她认为自己原本可以有个美好的前程，却因为生孩子给耽误了。半年前，公司减员增效，田甜不幸下岗，做起了家庭主妇。一向积极上进、事业心极强的田甜回到家庭，面对着生活的琐碎，又是煮饭，又是带孩子，她的内心逐渐发生了变化，她把这一切都怪罪到丈夫的头上。

一天，国兴加班回来，听到女儿哇哇大哭，田甜则坐在一旁数落女儿。国兴有些不高兴，“孩子还小，你怎么不哄哄她。”“你说得轻松，你来哄哄。自从孩子出生，你都没有带过她，你是不知道她有多么难带。”田甜将对女儿的抱怨转到了丈夫的身上。

“孩子小，你不能跟她计较，她什么都不懂。”“我可以不跟她计较，但我可以和你计较。我现在的生活一团糟，都是你搞的，如果不是你急着要孩子，我也不会下岗，应该坐在经理的位置上，可现在呢？我受不了这样的生活。”田甜越说越激动。

累了一天的国兴见妻子如此激动，也开始发火，“孩子都出生了，你抱怨有什么用。哪个女人不生孩子？”没有得到丈夫一丝安慰的田甜，气得失去了理智，大声嚷道，“我不要这样的生活，离婚！”田甜是个容易感情用事的女人，说话口无遮拦，常常是心里有什么说什么。而国兴则好冲动，听到妻子的话，毫不犹豫地回应了一句，“离就离，谁怕谁！”

第二天，国兴的妈妈过来看望孙女，又在喂养方式上和田甜发生了争执。国兴下班回家后，田甜把与婆婆闹矛盾的事情告诉了丈夫，并且十分生气地说：“就没见过这样的婆婆，女儿是我的，我想怎么喂养，用得着她来教训我吗？”国兴听得很不入耳，就顶撞了几句，“你怎么能这样说我妈，孩子是我妈的孙女，她也是为了孩子好。”

“好，你们都对，当初让我要孩子，你们是对的；现在喂养方式，你们也是对的。就我错了，我错就错在当初嫁给你。这日子没法过了，离婚！”“离吧，离吧，我看这日子也没法过了。”国兴不甘示弱地回答。

从那以后，田甜只要和国兴一吵架，就把离婚挂在嘴边上。起初，国兴以为妻子只是说说而已，吓唬吓唬他，时间长了，他觉得两人再这样争吵下去，实在没意思。最终两人再又一次的吵架时，把离婚搬到了这桌面上，只不过这次不是说说而已，而是真的去了民政局。

**夫妻吵架，请不要把“离婚”挂在嘴边，说多了，就变成真的了，就像狼来了一样，到时候没有后悔药可买。**

在这个故事中，妻子说，“这日子没法过了，离婚!”丈夫说，“离就离，谁怕谁!”这两句经典对白，相信出现在夫妻吵架中的概率比较高，甚至有些夫妻每次吵架都会用到这两句，大有不吵到不离不罢休的架势。

夫妻吵架把离婚挂在嘴边上，通常有两种情况。第一种情况，多数是因为在气头上，说话口无遮拦，而非真的想离。说气话，一次，对方能够不计较，那么，两次、三次、无数次呢？对方还会一直把它当成气话吗？离婚说多了，哪怕不是真心的，也会给对方一种强化的信息：我们真的过不下去了，真的要离婚了。不是有句话说“谎话说多了就变成真的了”？

第二种情况，一些人经常把“离婚”挂在嘴边上是对伴侣的威胁。因为他认为，离婚是对对方最大的惩罚。明知道对方爱自己，不可能跟自己离婚，但为了迫使对方接受自己的条件，满足自己的愿望，就会用“离婚”来威胁对方，从而掌控对方。如果伴侣了解你，能够以宽容的态度看待这个问题，发生离婚的概率并不高，但是如果对方非常在意，就会导致他的焦虑、怀疑，对婚姻失去信心，也许真的会“将计就计”，到时候后悔都来不及。

其实，每次夫妻吵架都把“离婚”挂在嘴边，是一种逃避的心理，不愿意正面解决婚姻中出现的问题。吵架是不愉快的、痛苦的感受，人们想摆脱这种不愉快的感受，首先想到的就是逃离，比如，选择离婚或者离家出走。

但这种方法不仅不能解决问题，还容易把矛盾激化。一方说离婚时，另一方会碍于面子，跟着说，“离就离，谁怕谁！”即便是一方不想离婚，在对方步步紧逼的情况下，往往会打肿脸充胖子，逞英雄好汉，非离不可。而提出离婚的一方，见对方也如此坚决，更不会退缩，于是，冲动之下，就真的离了。

即便没有离婚，婚姻就不会受到一点伤害吗？心里就一点都不难受吗？从来都不会怀疑对方真有离婚的打算吗？就算没有受到伤害，下次再吵架时，当离婚再次被提出来时，恐怕就没有那么淡定了，也许婚姻真的岌岌可危了。再退一步来讲，就算婚姻可以继续，可这一吵架就习惯说“离婚”，到什么时候才是个头呢？

俗话说，十句好话顶不上一句坏话。所以，在婚姻中，尽量不要把“离婚”挂在嘴边上来伤害对方，破坏夫妻感情，应该学会为自己的言行负责。

百年修得同船渡，千年修得共枕眠，相爱的人走到一起不容易，请珍惜婚姻，别轻易说离婚！

# 心理测试：你们的婚姻价值观匹配吗

以下是与婚姻生活有明显关系的15个价值信念，请根据自己的好恶，在空格中填上1—15的数字，将这15个价值观念排序。

____舒适自在的生活（富裕的生活）

____令人兴奋的生活（刺激、活跃的生活）

____有成就感（作出持久的贡献）

____美丽的世界（自然和艺术的美）

____平等（所有的人都赋予相同的机会）

____家庭安全（照顾自己所爱的人）

____自由（独立、有选择的自由）

____幸福（满足）

____内心的和谐（没有内心的冲突）

____成人的爱（性和精神上的亲密）

____快感（令人快乐的感官享受）

____自我尊重（自尊）

____社会认可（别人的尊敬、钦佩）

____真正的友谊（亲近的同伴关系）

____智慧（对生命有成熟的理解）

**测试结果：**

排在最前面的是对自己最重要的，排在最后的是对自己重要性最低的。每个人潜意识中，对这些价值观念都有一个只属于自己的先后排序，作为日常生活中取舍和抉择的内心标准。

真正可以相濡以沫的夫妻，便是这个排序相互匹配的夫妻。而这个排序，在每个人而立之后便基本稳定，除非出现重大刺激事件，否则很难有什么变更。

注：此测试由知名社会心理学家 Rokeach 设计，他在 1973 年曾经将这个世界上对每一个人都有价值的各种事物归类，统计出 36 个价值信念，其中目的性价值 18 个、工具性价值 18 个。在 Rokeach 的 18 个目的性价值中和婚姻生活有明显关系的有 15 个。

【第四章】

# ·惊涛骇浪期：后来，我总算学会了如何去爱·

历经了不大不小无数次战斗，流下了不多不少能把鄱阳湖填满的泪水，饱受了分分合合百转千回般的折磨，终于决定不再作困兽之斗，乖乖地缴械投降。

# 你的婚姻沉默了吗

恋爱那会儿，我们总有说不完的话，见了面能滔滔不绝地从太阳升起讲到太阳落山。婚后多年，却发现，我们一个月说的话，还没当年半天说得多，所有的话都浓缩在“是”与“不是”、“嗯”、“啊”之中了。

花蕾与滕海洋相识于网络，那时滕海洋还在大洋彼岸留学，两人在一个论坛上相识，一个伶牙俐齿，一个巧舌如簧，在众人的唇枪舌剑中脱颖而出。从那以后，两人便结成同盟，共同克敌，渐渐地，两人互生爱慕之情，远涉重洋地谈起了恋爱。

也许是距离产生美吧，两人总有说不完的话，聊QQ，发短信，三天一个国际长途，一星期一封信，还时不时地送对方一些小礼物。两年后，滕海洋结束了学业，回国不久，两人就走进了婚姻的殿堂，开始了幸福的生活。

渐渐地，在卿卿我我的甜蜜变成锅碗瓢盆的现实之后，滕海洋的话越来越少，下班回到家，像一条晒干了的海带，挂在沙发上，花蕾问他话，他都懒得张嘴，不是点头Yes，就是摇头No，好像一张嘴，就会咽下最后一口气、一命呜呼了似的。

花蕾沉不住气了，问道："当年，你那伶牙俐齿的劲头儿哪儿去了，怎么变成了哑巴？难道我就那么不值得你张嘴吗？"滕海洋挣扎着伸伸懒腰，打着哈欠说："都结婚这么多年了，怎么还像个小孩儿，需要别人哄啊，一点都不会体谅人。"

"你就那么惜字如命啊，你是金口玉言吗？"花蕾不耐烦地拉起丈夫。"哎呀！你真烦，你看见哪个钓鱼的把鱼钓上来了，还喂鱼食啊？"滕海洋的这句话深深刺痛了花蕾的心，一连几天都不和丈夫说一句话，两人就这么僵持着。

一天，花蕾正在上班，看到QQ头像闪动了一下，打开一看，是滕海洋，"亲爱的，还生我的气啊？你没看到这两天我都瘦了吗？为了惩罚我犯的错误，我两天没吃饭，净吃肉了，都饿瘦了。这个惩罚太残酷了，你就行行好，别生气了，好吗？"花蕾扑哧一声笑了，迅速地回了一句：罚你刷一个月的马桶，以观后效。

滕海洋发了一个哭脸，又发了一大束玫瑰花，回了一句：我惨了点吧，刷一个月的马桶，还以观后效，要是万一，不能达标，您是不是要格杀我呢？

……

就这样，小两口在打情骂俏中和解了，那天晚上，回到家，两人促膝长谈，花蕾问："老公，你说我们为什么结婚后，就没有了话可说了呢？"滕海洋沉思了一会儿，回答："其实，也不是没话说，而是我们每天要说的话太多。我是经理，每天要跟下属交代这交代那，回到家，嘴巴就懒得张了。"

花蕾觉得丈夫说得也有道理，再有激情的人也会被琐碎的生活、工作的压力、紧张的人际关系消耗得连说话都没有力气。但是夫妻间缺少感情交流，也会让爱情厌倦。于是，她提议每周抽出半天时间，关掉手机，不开电脑，不看电视，他们两个人面对面讲一讲最近工作的烦恼、生活的趣事。这样，不仅增进了夫妻感情，而且还缓解了工作压力。

**婚姻可以是沉默的，也可以是激情的，关键在于经营婚姻的人。**

往日的甜言蜜语、卿卿我我，随着岁月的流逝，慢慢淹没在平淡的婚姻中，取而代之的是房贷的压力、孩子的吵闹、工作的烦恼、生活的压力，夫妻之间早已经没有了昔日的激情，就连说话都懒得张嘴。因为彼此太了解了，无须多说，一个眼神，一个动作，对方都能明白。下了班，一个人守着电脑，一个人抱着电视，虽然我们生活在同一个屋檐下，却活在两个不同的世界里。

恐怕这是很多结婚多年的夫妻生活的状态吧。也许，你也曾经和故事中的花蕾一样，抱怨过，愤怒过，冷战过，但往往无济于事，不知不觉，婚姻沉默症悄悄来袭。据心理学教授哈卫克观察，一般夫妻平均结婚四年后（甚至更早），男方对女方的注意力开始降低，再加上孩子、家务、生活和工作压力，很难维持恋爱或新婚时的心境，热情逐渐被冷漠取代，夫妻关系逐渐受日常生活中的例行公事、平淡无聊侵蚀而失去光彩。

德国哲学家尼采曾说，男女双方走进礼堂时，神父最后应该补问一句："你认为，可以和这个女子（男子）到老都有话说吗?"现在看来，尼采还是很有先见之明的。有句话是这样说的：不在沉默中爆发，就在沉默中死亡。沉默的婚姻最终的走向多半也是灭亡，那么，如何让婚姻不再沉默呢?

首先，无论多忙，都要留出夫妻单独相处的时间。

恋爱的时候，爱情是全部，我的眼里只有你，你的眼里只有我。结婚后，这种关系会很快被现实所破坏，男人多把精力转向事业，女人多把精力转向家庭，关系的转变，会让双方很不适应，矛盾由此而生。有矛盾并不可怕，可怕的是两个人各自生活在自己的世界里，没有交流沟通。这种貌合神离的夫妻很容易出现问题，因为夫妻间缺乏感情交流是滋长"爱情厌倦"心理的重要因素。

幸福的婚姻需要夫妻共同努力。虽然大家都很忙，但也要留出夫妻单独相处的时间，就像故事中的花蕾和滕海洋，安排半天的情感交流时间，不仅巩固和发展了夫妻关系，而且还能缓解工作、生活的压力，最重要的是将彼此从沉默的婚姻中走出来。

其次，拿出你的热情，创造生活的快乐。

因为熟悉，所以不再交流，婚姻生活就像挂在墙上的钟表一样，简单、有序、枯燥，周而复始。虽然大家都知道这样的婚姻很乏味，但谁又都不愿意先迈出一步去寻求改变。慢慢地，夫妻之间成了最熟悉的陌生人，看似是一个整体，实际上每个人都很孤独。

孤独会产生对婚姻的厌倦，此时的婚姻是最危险的，很容易禁不住外界的诱惑，误入歧途。摆脱孤独，最好的方法就是创造生活的乐趣，使家庭生活变得丰富多彩，比如，举办一些结婚纪念日、生日纪念之类的活动，共同回忆过去的美好时光，或者抽出时间，一家人去旅游，改变枯燥的三点一线的生活。生活需要调剂，爱情需要滋养，婚姻才能长久。

恋爱是理想，婚姻是现实；理想是丰满的，现实是骨感的。所以，欲使婚姻走得更长久，我们必须学会将婚姻变得丰满些，在枯燥中加入一点激情。

## 丈夫要我把他当成外人

工作上遇到烦心事，你会喋喋不休地在他耳边说上半天，因为他是你最亲、最值得信赖的人；生活上遭遇点小挫折，你会毫不犹豫地把矛头指向他，因为他不会怪你，因为他爱你。可是，这是否是你的一厢情愿呢？他真的如你所想吗？或许他并不是你认为的那样。

美晨与邱子是一对老夫少妻，美晨比邱子小十岁，很多时候，美晨觉得在丈夫面前，自己像个小妹妹，甚至是他的女儿。两人谈恋爱那会儿，有朋友笑邱子是老牛吃嫩草，就连父母也不太满意儿子找了一个“小媳妇”，可邱子对朋友、父母的意见却置若罔闻，这与他的经历有关。

邱子曾经有过一段短暂的婚姻，妻子是个典型的女强人，在妻子面前，他像被管制的小孩子，没有自主权，什么都是妻子说了算。邱子受不了这样的生活，他认为自己是个男人，在家庭中，应该是保护女人的角色，而不是被管制、被保护的角色。

邱子与妻子离婚之后，一次偶然的机会，他认识了美晨，美晨与前妻的性格截然相反，她任性，柔柔弱弱，男人第一眼看到她，就有想保护她的冲动。几次接触下来，邱子对美晨展开了猛烈的攻势，没费多大劲儿，美晨就乖乖地缴械，投入了邱子的怀抱。在美晨面前，邱子第一次感到了自己是个真正的爷儿们。

水到渠成，瓜熟蒂落，结婚自然顺理成章。婚后，美晨辞退了业务员的工作，因为太辛苦，她不想未老先衰，就央求着邱子帮她找一份轻松的工作。妻子有求，丈夫当然是义不容辞，凭着自己的人际关系，把美晨介绍到了朋友的公司，有了朋友的关照，美晨的工作轻松、自在，她很满意。

美晨是个任性的女人，爱耍小孩子脾气，进入公司不久，就与公司的元老发生了矛盾，而且在大庭广众之下，与别人吵得不可开交，就差点儿撸袖子抡胳膊了。妻子闯了祸，丈夫岂有旁观之理，邱子拉下老脸，求朋友给个面子，给美晨一次机会。于是，美晨被调离了原来的部门，到了一个新的部门。

不仅在工作上，在日常生活中，美晨也非常依赖邱子，开车出去购物，车子坏在半路，她会第一时间打电话通知邱子，让邱子过来帮忙处理。就连做饭、洗衣服这些家务，美晨也很少做，都让丈夫统统代劳。渐渐地，邱子感觉自己活得太累了，美晨不像是自己的妻子，反而像是一个没有主意的小女孩儿，什么事情都做不好，什么事情都不想去做，邱子的不满在慢慢地积累。

在一次，美晨工作上遇到不顺心的事情，向邱子抱怨的时候，邱子发火了，“你不要什么事情都跟我讲，我不是你的垃圾处理站!”这是他们结婚多年来，丈夫第一次发火，美晨很委屈地说：“你是我的丈夫，我的事情就是你的事情，我有什么不高兴的事情当然要找你发泄。”邱子深深地吸了一口气，很认真地说，“我是你的丈夫，是你最信赖的人，但是你这样做会对我造成内耗。从今天起，你把我当成外人，好吗?”

**夫妻之间，请不要以爱为理由，作为非爱性掠夺的条件。**

看了美晨和邱子的故事，可能有些女人会认为，美晨的做法没什么不妥，恐怕还会理直气壮地反驳说，“因为你是我的丈夫，所以，我才找你帮忙，分享我的喜怒哀乐。”不错，丈夫是女人最信任的人，但是这应该成为你依赖他的理由吗?

心理学中提到一种行为叫“非爱行为”。这种“非爱行为”在现代人的交往中普遍存在，就是以爱的名义对最亲近的人进行的非爱性掠夺。这种行为多发生在夫妻之间、恋人之间、母子之间、父女之间，即世界上最亲近的人之间。

在这个故事中，美晨对邱子说了这样一句话：你是我的丈夫，我的事情就是你的事情，我有什么不高兴的事情当然要找你发泄。其实，这就是非爱行为，因为它是以一种爱的名义所进行的一种强制性的控制，让他人按照自己的意愿去做。

诚然，夫妻是最亲密的关系，但是同时我们也应该认识到：距离和独立是对人格的尊重，这种尊重即使在最亲近的人中间，也应该保有。所以，即使是夫妻，也应该拒绝亲密无间，否则，夫妻关系就会走向疏远，甚至是崩溃。

生物学家曾做过一个实验：把十几只刺猬放到户外的空地上。这些刺猬被冻得瑟瑟发抖，为了取暖，刺猬紧紧地靠在一起。而靠拢后，因为忍受不了彼此身上的长刺，很快又各自分开。可天气太冷了，它们又不得不再次靠在一起……挨得太近，身上会被刺痛；离得太远，又太冷。就这样，经过反反复复地分了又聚、聚了又分，最后，刺猬找到了一个合适的距离，既能相互取暖，又不会被对方刺伤。

后来，人们从这个故事中总结出一个道理：人际交往中一定要保持适度的距离，即心理距离效应。同样，夫妻之间也应保持一定的心理距离。回过头，再来看看这个故事，恐怕大家就能够理解邱子的苦衷了，能够理解为什么要求妻子把他当外人看待了。因为只有把爱人当成外人一样看待，你才会尊重他，理解他，不会毫无顾忌地朝他发火，毫无原则地向他提出这样那样的要求。

关于这一点，日本一位心理学家给予了最好的诠释："对方有毛病不要刻意纠正，不要往心里去，而要解脱出来。为了自我保存，有时往往需要把自己封闭在孑然一身的世界。有时那种无时无刻不与他人进行感情交流就不能心安理得的人，才真正有问题。"

另外，夫妻之间要学会说NO，不要害怕说NO。牺牲自我的感受去满足对方的要求，不仅自己心里不会舒服，带有情绪，而且这种做法也是不真诚的，缺乏真诚的婚姻是一种伤害。不要担心说出实情会影响夫妻感情，恰恰相反，实话实说更能赢得对方的信任，更能增进夫妻感情。

女人应该把男人当作支撑点，而不是避风港，更多时候，需要靠自己。

# 婚姻就像一台电脑，需要定期查杀病毒

前天，他说了一句很伤人的话，我虽然没说话，但我记在了心里；昨天，我和他说话，他都不愿抬眼看我，眼睛一直盯着电脑游戏；今天，我让他给我买最爱吃的哈根达斯，他却忘记了。于是，我将这几天的怨气一股脑儿地发泄出来。之后，我们开始冷战、闹分手。

杨梅与马晓锐结婚快 13 年了，这么多年来，夫妻两人也闹过、吵过，但都是床头打床尾和，从没有隔夜仇。邻居都夸他们是模范夫妻。可是，最近半年，他们的家却发生了翻天覆地的变化，两口子是三天一大吵，两天一小吵，吵得街坊邻居都不得安生，有时深更半夜还能听到两口子的谩骂声和摔东西的声音。

邻居申大妈是个热心肠，一天，她来杨梅家里串门，和杨梅聊了起来，“杨梅，你们两口子这是怎么了？以前可是人人羡慕的一对，现在怎么吵得跟仇人似的？”还没说话，杨梅眼泪先掉了下来，“申大妈，实不相瞒，我们过不下去了。”“一日夫妻百日恩，你们都结婚十多年了，可不能说离婚就离婚，跟大妈说说，说不定我能帮你解决呢。”于是，杨梅便把事情一五一十地跟申大妈说了。

几个月前的一天深夜，马晓锐的手机响了，是一条陌生人发来的短信，短信里面的内容很暧昧，杨梅问丈夫是谁发来的短信，马晓锐打着哈欠说，是个无聊的人，便躺下又睡了。马晓锐性格内向，不善言辞，在杨梅眼里，丈夫就是个闷葫芦，所以丈夫这样说，杨梅也习惯了，便没有再问。

马晓锐本以为是发错了短信，可是这个短信每天深夜都会准时发来，这让杨梅起了疑心，就逼问他这是怎么回事儿，“马晓锐，怎么天天晚上有不三不四的人给你发这些暧昧的短信啊？”马晓锐觉得就是一条短信，至于那么大惊小怪吗？他对妻子的逼问有些不耐烦，“你烦不烦？你这个女人就是没事找事，你爱咋想咋想。”说完，背对着杨梅，打起了呼噜。

丈夫的态度让杨梅很不舒服，一连几天对丈夫爱理不理的。马晓锐是个粗心的人，并没有察觉出妻子的异常。前不久，杨梅带着孩子回娘家，杨梅的父亲爱喝个小酒，正好家里有两瓶好酒，就想拿回去给父亲喝。没想到，马晓锐一把夺过了妻子手里的酒，说了一句，“要拿，就去外面买。”

杨梅没说话，可心里却非常生气，她觉得丈夫没有把自己和娘家人放在眼里，连瓶好酒都舍不得给父亲喝，实在太小气了。过了两天，杨梅从娘家回来，正好看见马晓锐在和同事喝酒，喝的正是她准备要拿给父亲的那两瓶酒，杨梅的火更大了。夫妻俩接二连三地闹不愉快，吵架的次数自然就多了，杨梅说，其实她也不知道为什么，看见丈夫就想吵，有一点儿不顺心的事也想吵。

后来，在申大妈的说和下，夫妻两人坐下来好好地沟通了一下，原来一切都是误会。关于短信的事情，马晓锐事后核实了，那是一个谈恋爱的女孩儿给她上夜班的男友发的，由于两个手机号码只差了一位，发错了。至于那瓶酒更是荒唐得可笑，好酒早已经被马晓锐的父亲喝了，里面是马晓锐灌的普通白酒。误会解除了，夫妻两人和好如初。

**婚姻出现问题，要及时解决，否则，就会千里之堤毁于蚁穴。**

看了马晓锐与杨梅令人啼笑皆非的故事后，你是否想过这样一个问题：为什么一次小小的误会会引发一连串的问题呢？你可能有过这样的体验：曾经也有那么一段时间，你和爱人之间的争吵不断，总是一个问题接着一个问题地出现，甚至是鸡毛蒜皮的小事都能引起轩然大波。

在解释这两个问题之前，我们先来讲一个故事。美国斯坦福大学心理学家菲利普·辛巴杜在 1969 年做了一个实验，他找来两辆一模一样的汽车，把其中的一辆停在加州帕洛阿尔托的中产阶级社区，另一辆停在相对杂乱的纽约布朗克斯区。他把停在布朗克斯的那辆车的车牌摘掉，把顶棚打开，结果当天就被偷走了。而放在帕洛阿尔托的那一辆，一个星期也无人理睬。后来，辛巴杜用锤子在那辆车的玻璃上敲了个大洞，结果仅仅过了几个小时，这辆车就被偷了。

以这项实验为基础，政治学家威尔逊和犯罪学家凯琳提出了“破窗效应”理论，认为：如果有人打坏了一幢建筑物的窗户玻璃，而这扇窗户又得不到及时维修，别人就可能受到某些示范性的纵容去打烂更多的窗户。他们指出环境可以对一个人产生强烈的暗示性和诱导性。

看过这个破窗效应，大家很容易就能找到刚才问题的答案。中国有句话叫“千里之堤，毁于蚁穴”，我觉得这句话用在婚姻中最恰当不过了。当婚姻出现问题时，哪怕是一个很细小的问题，都应该及时修复，不然这个小问题就会成为“引爆点”，导致一系列问题的产生。

可是，很多时候，我们总是那样自信，认为大家相濡以沫生活了那么多年，你应该了解我，有些话我不说，你也应该明白，其实不然。多说一句话，你并不会损失什么，还会增进夫妻之间的信任。如果当初马晓锐能够及时消除妻子的疑惑，就不会有后来一连串的争吵了。

“破窗效应”在婚姻中给我们的最大启示就是婚姻就像一台电脑，只有定时查杀病毒，才能保证电脑的高速运转，否则，早晚有一天，电脑会瘫痪，到时候再想修复，将会是一件很棘手、很烦恼的事情。

婚姻的破裂往往是从一个细小的裂缝开始的，即便裂缝小得可怜，但是你不能视而不见，就像老辈人常说的：小洞不补，大洞吃苦。所以，婚姻中遇到问题一定要及时解决，冷战、争吵、抱怨都于事无补，最好的方法是大家坐下来，好好沟通，只有这样才能保证婚姻的正确走向。

《论语》有言“吾日三省吾身”，对婚姻而言，欲幸福、长久，也应该如此。

# 赢了事业，输了婚姻

因为我是男人，所以，我要努力工作，养活我心爱的女人，让我的女人感到她是天底下最幸福的女人。我朝这个目标努力着，终于有一天，我认为功成名就了，却发现我的女人不见了。

在众人的眼里，季兰是个幸福的女人，老公身家千万，住豪宅、开豪车。这是很多女人做梦都想拥有的生活，朋友说她是生活在幸福堆里的女人。每当这时，季兰都无奈地摇摇头，对朋友说，“该羡慕的人是你，你每天早晨一睁开眼，就能看到自己爱的人，晚上能拥着爱的人一起入睡。我呢，早晨睁开眼，面对的是空荡荡的房间，晚上是‘举杯邀明月，对影成三人。’”

季兰的老公程功创业之后，应酬越来越多，每天都要到后半夜才能回家，那时季兰早已进入了梦乡，等季兰早晨醒来的时候，程功早已不见了踪影，难怪她常说她的老公是神龙——见首不见尾。有时季兰也会撒娇地对程功说，“我真想回到以前的穷日子，那样每天都能看到你，而不是过着比牛郎和织女还苦的相思生活。”每次季兰这样说，程功都只是笑笑，因为他认为只要自己事业成功了，赚更多的钱，就一定能让季兰幸福。

当初两人恋爱那会儿，季兰的妈妈是坚决反对他们两个人来往的，就因为程功是个穷小子。好在季兰铁了心，以死相逼，非要和程功在一起，才没能让家人拆散他们。从那时起，程功就发誓，一定要赚钱，赚很多很多的钱，让季兰觉得没有看错自己，也让自己在季兰的家人面前扬眉吐气。

两人结婚后，程功放弃了一份没有前程的工作，开始创业。创业的日子是艰难的，两人有时会为一顿饭发愁，拿着一个馒头，你推给我，我推给你，最后两人含着眼泪，你一口我一口，每次程功都轻轻地咬上一小口，尽管自己很饿。经过两年多的不懈努力与坚持，夫妻俩终于苦尽甘来，淘到第一桶金，此后，事业发展得顺风顺水。

事业走上正轨后，季兰把全部的精力转向了家庭，照顾孩子，服侍老人。如今，儿子已经上小学三年级了，公婆也先后去世了，季兰的生活变得轻松起来，闲来无事，她靠上网玩游戏、QQ 聊天打发日子。通过网络，她认识了穆杰，穆杰是一个健谈的小伙子，又懂得哄女人，寂寞的季兰在和穆杰的交往中产生了感情，两人从网络走向了现实。

季兰知道这样做，很对不起丈夫程功，但是无聊寂寞的日子让她抓狂，她害怕面对空荡荡的房间，害怕房间里没有一点声音，害怕每个夜晚的来临。每当这时，她都好想找一个温暖的怀抱，她多么希望这个人是程功，可程功总是说自己很忙。

于是，她对穆杰越来越依恋，无法自拔。

终于，季兰的秘密被程功发现了，程功愤怒地质问妻子，“我这么努力地工作都是为了你，你为什么还背叛我？”季兰平静地回答：“因为我要的是一个爱我的丈夫，而不是一个成功的商人！”

**我们总是希望有很多很多的钱，觉得那才是幸福的，可是，等到了那一天，我们却发现幸福正在一步步走远。**

每个女人都希望嫁给一个“钻石王老五”，或者像季兰那么走运，选中一个潜力股，哪怕这个人有点儿老，其貌不扬，只要能住上豪宅，开名车，一切都是浮云。不是有人说，宁可坐在宝马车里哭泣，也不愿意坐在自行车上笑吗？太多的人把爱情，把婚姻物质化了，他们天真地认为，只要有钱了，爱情就是饱满的，婚姻就是幸福的。轻轻地问一句，如果富有就是幸福的婚姻，那些破纪录的离婚案还会出现吗？

事实证明，婚姻幸福与金钱并不成正比。美国的一项调查表明，达到年收入 12 万美元时，幸福感就不再随金钱的增加而增加。钱之于幸福是到达一定水平之后边际效用迅速递减的东西。边际效应也叫戈森定律，意思是说，同一享乐不断重复，其带来的满足感会不断递减；同一享乐不断重复，第一次和第二次所获得的满足感最大。

这就是为什么有人吃哈根达斯会甜到心里，有人会觉得味同嚼蜡，因为吃得次数太多了。同样的道理，钱赚多了，就没有幸福感了。许多人都有这样的体验，职位升高时，或者是工资增长时，预期也会越来越高，希望百尺竿头更进一步。美国心理学家马丁·塞利格曼认为，这是幸福跑步机在起作用，如果幸福等于金钱的话，我们必须拥有更多，否则就会没有幸福感。

假如没有这个“跑步机”，鸿运当头的人应比普通人更幸福。马丁·塞利格曼论证的结果是，一般老百姓比达官贵人更幸福。研究发现，幸运的事和高成就并不能带来长久的幸福，只能带来短暂的快感。

在这个故事中，季兰与程功是一路艰辛走过来的夫妻，实属不易。然而，这对共苦的夫妻却在富足生活面前迷失了方向，季兰渴求丈夫的体贴、温暖，能早一点儿回家陪陪自己，而程功却认为只要自己足够成功，妻子就一定会更爱自己，结果却落得个赢了事业，输了婚姻。

季兰与程功的故事告诉我们，金钱买不来幸福，买不来美满的婚姻。马丁·塞利格曼研究认为，越看重金钱的人对他的收入越不满意。也对他的生活越不满意，实际上，人们对金钱的看法往往比金钱本身更能影响人们的幸福。

钱不是万能的，但没有钱是万万不能的。贫贱夫妻百事哀嘛！钱虽然不是最重要的，但绝对能够影响生活乃至婚姻。没有钱的婚姻是不现实的，而有钱的婚姻也不一定是幸福的。总之，金钱是生存的必需品，但绝对不是幸福的必要条件。

最后，让我们再回过头来看看这个故事。如果季兰是个优秀的女人，既能坚守贫穷生活，又能制造富裕生活的浪漫，而不是一味地等待丈夫的觉醒，积极主动地行动起来，帮助丈夫幡然悔悟，我想结局肯定会如童话里的王子与公主的故事一样。可惜的是，婚姻中的懒惰者太多。

幸福的婚姻需要夫妻两人共同营造，携手共进，如果一味地等待，婚姻也会像花儿一样慢慢枯萎。

# 躲在婚姻里装糊涂的女人

因为你怕失去，所以选择迎合他；因为你害怕孤单，所以宁愿委曲求全，绝口不提分手；因为你想给孩子一个完整的家，所以你忍气吞声。可是，你问过自己真的幸福吗？为了幸福委曲求全，是最傻的事情。

南芳怎么也没想到，丈夫出轨的事情竟然发生在自己身上，以前偶尔听朋友说起或在论坛上看到这种事情，都觉得离自己很远。一直以来，她都觉得丈夫张强是个爱她、顾家的好男人。

一天傍晚，南芳下班回家，路上想起家门钥匙忘在了办公室，因为下班的途中要经过张强的公司，她便打电话给丈夫，告诉他一会儿去他的公司拿钥匙，可张强的手机关机，没有多想，南芳径直去了张强的公司。

进了公司，南芳向前台询问张强的办公室在哪里，在得知来人是张总的夫人之后，前台小姐显得很惊讶，赶忙招呼她坐下来，并马上打电话通知张总。这是南芳第一次来丈夫的公司，她很想了解丈夫的工作环境，所以，执意要去丈夫的办公室看看。

很快，南芳来到了总经理室，没等她敲门，从门里走出来一个年轻漂亮的女孩儿，神情有些慌乱，见到南芳有些尴尬，很不自然地说了句您好，转身快步离开了。凭着女人的第六感觉，再加上刚才前台小姐的惊讶，以及这个年轻女孩儿的慌乱，南芳心里产生了一丝疑惑。

这时，张强从敞开的门里看到了妻子，赶忙起身，亲切地说，"老婆，你怎么来了？怎么不提前通知我一声？"南芳本想问问刚才的女孩儿是谁，但是她担心这层窗户纸捅破了，更难以收场。于是，南芳什么也没说，跟张强要了钥匙回家了。

这件事以后，南芳开始留意张强的行踪，张强早出晚归，周末也很少待在家里，手机总是调成振动，接电话也经常躲着人。张强的变化让南芳更加确定了自己的怀疑。一天，张强在书房辅导儿子的功课，手机落在了客厅的茶几上，在好奇心的驱使下，南芳悄悄地打开了张强的手机，她看到了这样一条短信：亲爱的强，今晚能陪我吗？我在老地方等你。短信的署名是一个叫倩的女孩儿。

就在南芳看短信的时候，手机突然振动起来，张强听到动静，慌里慌张地走了出来。虽然南芳看到发短信的依然是倩，但她什么也没说，把手机递给了丈夫。张强看过短信，拿起外套就往外走。南芳很伤心，她想发火，想臭骂丈夫一顿，但话到嘴边，却说出了这样一句话：是不是客户约你？张强点了点头。

望着丈夫的背影，南芳的眼泪扑簌簌地落了下来。她本以为只要自己不说，丈夫是不会抛弃自己的，但是半年后，张强还是向南芳提出了离婚，理由就是他爱上了自己的秘书倩。南芳拉着张强的衣角，哭着说，“求求你，别离开我，只要我们不离婚，我做什么都愿意。你告诉我哪里做得不够好。”然而，张强却用力甩开了她的手。

**婚姻需要一点糊涂，但不能糊涂一切，不能像鸵鸟一样把头埋在沙堆里就当什么都没有看见。**

看了南芳的故事，让我想起鸵鸟心理。当沙漠中的鸵鸟遇到危险时，它总会把头埋在沙堆里，以为自己看不见就安全了。这就是人们常说的鸵鸟心态，也称为鸵鸟心理。其实这是一种逃避的心理，却被很多人不自觉地运用到婚姻关系中，以此求得稳定美满的生活。

故事中的南芳很早之前，就发现了丈夫的出轨行为，但她一没有认真思考过婚姻出现问题的原因在哪里，二没有想办法挽回丈夫的心，而是选择了沉默，选择了视而不见，以为委曲求全就能保住婚姻，结果却让丈夫张强毫不留恋地离开了她。

南芳的悲剧印证了美国心理医生斯科特·派克的一句话。斯科特·派克在其著作《探索爱的本质：少有人走的路》一书中说：规避问题和逃避痛苦的趋向，是人类心理疾病的根源，不及时处理，你就会为此付出沉重的代价，承受更多的痛苦。

虽然我认同婚姻需要一点糊涂的观点，但是我不认同没有原则的糊涂，在大是大非上是坚决不能糊涂的，对男人出轨更是不能睁一只眼闭一只眼的。当然，我并不主张女人个个成为婚姻中的福尔摩斯，对丈夫的一举一动明察秋毫，但最起码你不能纵容丈夫的出轨行为，任其发展，不能为保住婚姻委曲求全。

然而，在现实生活中，很多女人却习惯用委曲求全的思维方式经营自己的婚姻，当婚姻出现问题时，首先考虑的不是问题本身，而是想着如果一旦打开天窗说亮话会有什么样的后果。这就好比是打仗，战斗还没打响，先想着打败了该怎么办。以这种方式思考问题的人多数是不自信的。心理学家发现不自信的人走不出委曲求全的思维怪圈，主要原因是他们意识不到自己的基本权利。

处在婚姻中的男女在人格上是平等的、是独立的，都有享受爱与被爱的权利，不存在依附关系，更不能为了获取对方的爱，卑微地活在对方的影子里。一对相爱的人组成家庭，就像公平秤的两端，只有保持基本平衡，婚姻才能稳定，如果严重失衡，婚姻也将垮掉。

很多时候，婚姻失衡并不来自经济、地位，而是心理的失衡，一方高高在上，对另一方颐指气使，另一方则处于忍气吞声的状态，这样的婚姻既不会幸福，也不会长久。即使是忍气吞声的一方不提出离婚，颐指气使的一方也会毫不留情地将对方扫地出门。可是，有的人却宁愿活在苟延残喘的婚姻里，都不愿结束一个只有躯壳的婚姻。

婚姻需要两个人一起经营，如果只有你一个人苦苦支撑，想放弃又没有勇气，你首先应该放弃的是自己，放弃自己那份残存的幻想，然后才能放弃那个人，那段早已不幸福的婚姻，因为爱情不需要勉强。

# 不信任，婚姻不幸的开始

老公晚归了，有人认为他是在加班，有人认为他出了“状况”；老公生日收到一份礼物，有人认为是人缘好，有人认为是暧昧的表现；老公帮助一位女同事，有人认为他有爱心，有人认为他动机不纯……同样的一件事，不同人会有截然不同的解释，关键在于你是否信任他。

余青青在单亲家庭里长大，在她很小的时候，父亲有了外遇，与母亲离了婚，她是在母亲的拉扯下长大的。大学毕业后没多久，经人介绍，余青青认识了“小开”男习波，两人一见钟情，恋爱一年后，结为夫妻。

如今，余青青与习波已结婚十多年，可十年来两人过得都非常累。余青青好猜忌，又找了这么一个优秀的男人，再加上受父母婚姻的影响，她对习波非常不放心，总是害怕有一天母亲的悲剧在她身上重演。于是，她成了女福尔摩斯。

习波上班，余青青一天打几个电话查岗；习波下班，余青青要检查手机，看看有没有暧昧的短信；就连习波接个电话，余青青都要竖起耳朵仔细听，只要嗅出一点儿暧昧的味道，马上对老公进行盘查。一天到晚，遭老婆查岗，让习波很反感，他觉得妻子分明就是不相信自己。

婚后四年，余青青生下了一个女儿，习波担心老婆太辛苦，就让余青青在家安心照顾孩子，以习波的能力养活一家人绰绰有余，余青青便答应下来。从此，余青青的生活中除了老公，就是女儿，与以前的朋友、同事就慢慢疏远了。

活在自我封闭的空间里，余青青更爱胡思乱想了，一天到晚拨打习波的电话，问他在哪里，在做什么。一次，习波在开会，关掉了手机，余青青竟然抱着孩子打的去了习波的公司，询问前台小姐，得知习波在开会，才放心地回家了。这件事很快在公司传开了，身为总经理的习波觉得特没面子，和余青青大吵了一架。

越是这样，余青青越觉得习波有问题，她想：如果要是没做亏心事，老公为啥怕自己去公司呢？于是，她开始变本加厉，要求习波回家之后，手机必须由自己保管，接电话要使用外音。这让习波忍无可忍，为了避免与妻子发生冲突，他常常加班到半夜才回家，这一举动更让余青青加深了对习波的误会。

习波是个优秀的男人，不仅人长得帅气，而且还多金，所以，公司里有几个年轻女孩儿都对习波有爱慕之情，企划部的小陶就是其中之一。一天，习波正在办公室加班，小陶敲了敲门，走了进来，"习总，您工作太辛苦了，这是我亲手煲的汤，您喝一点吧。"习波说了声谢谢，接过了小陶手里的汤。

但是，习波没有想到，这一幕正好被站在门口的余青青看到，她快步走上前，一把打掉了习波手里的汤，大声吼道："习波，我说你怎么总加班呢，原来在外面养了一个小情人，还有汤喝!”习波被眼前的一切惊呆了，此时此刻，余青青就像个泼妇。虽然，事后习波一再向妻子解释，可余青青就是不信。最终，被折腾得筋疲力竭的习波向余青青提出了离婚。

**因为你在意他，才会怀疑他，可是，这种怀疑却让他离你越来越远。**

像余青青这样一天到晚查岗确实有点儿过分，虽说现实生活中有这样的人是少数，但是，事实上却有不少人对自己的另一半不放心，尤其是另一半比较优秀时，比如漂亮、能干的女白领，都市小开男等。只不过这种担心更多地会隐藏在心里，不遇到外界因素的刺激，是不会爆发出来的。

话说回来，掩盖问题并不等于没有问题，如果你不信任另一半，哪怕是藏在心底，这种掩耳盗铃的做法依然会危害到婚姻，甚至造成夫妻感情破裂。根据调查，一些夫妻感情破裂，分道扬镳，很多时候并没有实质性的问题，或者多大的冲突，多是因为莫名其妙的猜疑，怀疑对方有外遇，再加上没有及时沟通，导致误会加深，最后走上离婚的道路。

那么，为什么夫妻之间不能坦诚相待，非猜疑对方呢？我们从余青青的身上似乎能够找到一些端倪。

首先，看问题的方式有问题。有些人看问题喜欢凭空设想，相信自己头脑的想法，而不相信事实，看问题总是以偏概全。故事中的余青青就是这样的人，她看到小陶给习波送来亲手煲的汤，就一口咬定两人有奸情，尽管习波一再解释，她就是听不进去。

人们常说，眼见不一定为实，更何况是主观臆断的东西。遇到事情的时候，不妨先怀疑一下自己内心的一些想法和判断：“也许我弄错了”、“也许这不是事实”。有了怀疑，再去调查，用事实说话，消除心里的猜疑。

其次，爱猜疑的人可能与自身的生活经历有关。余青青的父亲有了外遇，抛弃了母亲，这件事在她的心灵上留下了深深的烙印，为了防止母亲的悲剧在自己的身上重演，所以她对老公习波严防死守。

大家都听说过杯弓蛇影的故事吧。其实，很多时候都是自己吓自己，搞得神经兮兮的。要学会放松，同一悲剧在两个人身上上演的概率不是很高的！

最后，自我封闭，社交活动少。余青青辞掉工作，一心照顾孩子之后，因为生活的单调、封闭，她的猜疑心与日俱增。很多有多疑心理的人都缺乏朋友，社交活动少，对外界越来越陌生，就容易胡思乱想。

所以，结婚后，人们应该有自己的生活方式，多交朋友，多参加社交活动，生活变得丰富了，就没有那么多时间胡乱猜想了，心情舒畅了，看问题的方式也会改变。

另外，爱猜疑的人往往缺乏自信心，他们害怕被别人瞧不起，因为在意别人的态度，所以，别人一句玩笑话，他们会当真；或者别人一个不经意的眼神，他们也会思考良久。

信任是婚姻的基石，尤其是在这个充满诱惑的社会，信任对方就等于信任自己，给对方自由就等于放松自己。

# 站在婚姻的十字路口，我该何去何从

从恋爱到结婚，你和他走过了一段不长不短的日子，今天，你和他站在了婚姻的十字路口，在作决定之前，你是否也应该像结婚之前一样，好好思考一下：你真的不再珍惜这个曾经和你风雨同舟的人了吗？离婚后，你真的会幸福吗？

张伟杰与沈露走过了15年的风风雨雨，如今房子有了，车子有了，14岁的儿子也已经上初中了。两人工作稳定，一个是公司的财务经理，一个是中学老师，也算得上是小康家庭。就是这样一个和谐美满的家庭，夫妻俩却闹起了离婚。

事情还得从半年前说起，张伟杰的公司组织员工去外地旅游，回来之后，张伟杰的性情大变，总是有事无事地找茬儿，和沈露吵架，不是嫌沈露做的饭不合口味，就嫌沈露不会打扮，说她像蔫了的黄瓜，看着就令人生厌，走在大街上连五十多岁的老大妈穿得都比妻子性感。

对于张伟杰的指责，沈露气不打一处来。要说沈露年轻的时候，那绝对是百里挑一的美人，再加上她爱打扮，会打扮，追她的小伙子排成排。可自从结婚后，既要工作，又要照顾孩子，忙得团团转，哪里还有时间打扮呀。沈露很委屈，她觉得自己变成现在这个样子，都是因为她对这个家付出太多了。

为此，两人发生了激烈的争吵，但是直接导致两人婚姻关系降入冰点的是丈夫张伟杰的一夜情。一次偶然的机会，沈露见到张伟杰的同事小李，和他聊起上次他们公司组织员工去外地旅游的事情，小李叹息地说："那次玩得真开心，可惜，张哥有事没去。"沈露这才知道，原来那次丈夫根本没有去旅游。

在沈露的一再逼问下，张伟杰说出了事情的真相。原来，张伟杰在网上认识了一个杭州的女孩儿，两人越聊越投机，都有一种相见恨晚的感觉。张伟杰经常骗妻子说公司加班，然后偷偷地跑到网吧里与网友视频聊天，两人很想见见面，可是，一直没有找到合适的机会。

半年前，公司组织员工旅游，张伟杰以家里有事为由，没有随公司去外地，而是偷偷地跑到了杭州，会见网友，网友陪他在杭州逛了一个星期。分别的前一天，两人在宾馆发生了一夜情。因为这件事，使张伟杰对妻子沈露的态度发生了巨大的变化。

听完丈夫的叙述，沈露的心里像是被人狠狠地捅了一刀，痛得让她无法呼吸。她本为丈夫发生了一夜情，背叛了自己，会感到羞愧，会央求着自己原谅，但丈夫并没有这样做。

如果丈夫这样做了，也许沈露不会想到离婚。毕竟他们还有一个孩子，两个人辛辛苦苦走过 15 年不容易，除了这件事，丈夫对自己还是不错的。可是，如果离婚了，自己以后的日子该怎么过呀？儿子怎么能受得了呢？父母怎么能受得了？周围的人又会怎么看?

两人冷战了一个星期，沈露依然下不了离婚的决心，但又不知道该不该继续走下去，该如何走下去。她感觉自己站在十字路口，不知何去何从。

**离婚不能草率，认真思考后，也许，你会发现离婚并不是解决问题的最好方法。**

站在婚姻的十字路口，离还是不离?这是个很难说清楚的问题，也没有一个简单的答案。有些人糊里糊涂，一气之下，离了婚，事后后悔，再想回头，已是大江东去不复返。两个相爱的人走到一起不容易，同样，离婚也不是一件容易的事情，离婚意味着你的下半生要与另外一个人一起度过。所以，离也好，不离也罢，都要保持清醒的头脑。

当婚姻处于危机时，我们首先想到的不应该是离与不离，而是应该认真思考，危机不是一天出现的，是日积月累的结果，可我们从来都没有重视过。现在到了必须理清头绪，好好思考的最后关头了。婚姻出现危机既是“危险”，也是“机会”，认真思考过后，你才能得出理智的答案。

当你站在婚姻的十字路口时，建议你不妨先问自己几个问题:

第一，我为什么要离婚?

你可以列举出离婚的理由:是性格不合，还是对方犯了不可饶恕的错误?这些导致你想离婚的理由，是否有改变的可能?如果改变了，是否还要坚持离婚?

第二，婚姻走到今天，是否都是对方的错？

一个巴掌拍不响，在这段婚姻中，你自己承担着什么样的角色，是否也该为这段失败的婚姻负责？如果改变了，结局是否还会是这个样子？

第三，离婚了，我真的会更幸福吗？

很多时候，冒出离婚的想法是在逃避问题，总认为离婚了，问题就可以迎刃而解。如果你真的离婚了，这些问题就真的解决了吗？你会比现在更幸福吗？

第四，离婚后，我的生活会发生怎样的变化？

离婚不是夫妻关系简单地结束，其中会牵扯很多问题，比如，子女的抚养和教育问题，部分人际关系受损等。这些问题你是否思考过？这些变化，你是否能够适应？

通过对以上问题的思考，你会更加清楚地明白现有的婚姻存在的问题，以及离婚后所要面对的问题，也更加清楚自己想要什么样的生活，至于是离还是不离，心里基本上就有谱了。

现在我们来看看沈露的问题。沈露之所以想到离婚，丈夫发生一夜情只是导火索，而直接原因是丈夫在背叛自己之后，没能给自己一个交代。沈露要的是丈夫的一个承诺，一个保证。在丈夫发生一夜情这件事上，沈露认为自己是受害者，她应该得到受害者应有的安慰与道歉。也就是说，她最痛的不是丈夫的伤害，而是不肯放下受害者的身份，她要以离婚的方式来告诉丈夫：是你伤害了我，所以我要离婚。

如果离婚，沈露又放不下丈夫，担心孩子、父母无法接受离婚的事实。所以，她左右为难。我认为，此时沈露首先要做的应该是与丈夫好好沟通，如果丈夫愿意痛改前非，自己也能够从心底原谅丈夫的错误，婚姻还是可以继续的；如果丈夫不能认识自己的错误，或者自己无法接受现在的丈夫，就应该考虑离婚。

离婚是自己的事情，也许离婚会给孩子、父母带来一定的痛苦，但是用一种痛苦来维持一段不幸福的婚姻，以一种欺骗的方式来维护家人的幸福，更令人伤心难过。你自己都是痛苦的，又怎能把幸福带给家人？家人并不是你离婚与否的关键，关键在于你自己。

总之，结婚需要理由，离婚不仅需要理由，还需要慎重，而不是逞匹夫之勇。

# 怀念爱情的味道

多年以后，激情褪去，你和他只剩下各自的性格和坏脾气，你是否开始厌倦这样的生活？如果有一天，在你面前出现一个令你怦然心动的她，在牵起她的手时，你是否还记得曾经对一个曾深爱的女人许下过这样的承诺：执子之手，与子偕老。

代小茹认识丈夫石磊是在大学时候，从两人相识相爱到现在已经有15年了。这15年来，两人是形影不离，好得跟一个人似的。上大学的时候，两人是同班同学，抬头不见低头见。

大学毕业后，两人一起进入了一家通信公司；工作五年后，两人又一起离开公司，一起创业。别人都说，没见过这么恩爱的夫妻，简直就是只羡鸳鸯不羡仙啊！

起初，代小茹和石磊也觉得他们是世界上最幸福的夫妻，因为没有哪一对夫妻会像他们一样，可以一天 24 小时都在一起。一转眼，两人结婚 11 年了，代小茹本以为他们可以一直这样幸福下去，就像歌中唱的一样：和你一起慢慢变老，直到我们老得哪儿也去不了。然而，婚姻却在毫无征兆的情况下解体了。

代小茹永远记得那个电闪雷鸣的雨夜，她焦急地等待着石磊回家。这么晚了，石磊能去哪里，为什么走的时候连声招呼都不打呢？以前从来没有出现过这种情况啊。代小茹不停地在房间里走来走去，再一次拿起手机拨打石磊的电话，依然是关机。她苦苦等了一夜，直到天亮，一身酒气的石磊才出现在她的面前。

没等代小茹说话，石磊拉着妻子坐了下来，从丈夫严肃的表情中，代小茹感到了一丝不寻常，但怎么也没想到，石磊会说出这样一番话："小茹，我们离婚吧！我背叛了你，就在昨晚，我和别的女人上床了。"

听到这个消息，代小茹犹如遭到晴天霹雳一般，她疯狂地捶打着石磊，歇斯底里地叫喊着，把自己折腾累得像一摊烂泥一样跌倒在沙发上，问道："能说说理由吗？""因为我无法忍受每时每刻都有你的生活。"石磊很平静地回答。

这样的回答让代小茹无论如何也无法接受，"你不是说，我们是最幸福的夫妻吗？因为我们可以天天在一起。""可是，我会视觉疲劳，你懂吗？早晨一起床，你就做着千篇一律的早餐，然后我们去公司，开始重复昨天的工作，忙完一天的工作，我们回家。我现在闭着眼都能知道你每时每刻都在干什么，太累了。”石磊把头深深地埋在沙发里。

“你出轨就是为了寻求刺激，给这平淡的生活添加一份激情吗？”代小茹强忍着愤怒，直视着石磊，她没想到石磊竟然毫不掩饰地看着她，回答道：“是的，我知道是我不对，我可以把大部分财产留给你。但我不甘于这种平淡的生活，那个女人带给我的东西，你给不了。我怀念爱情的味道。”

代小茹知道，事已至此，即便是她像个泼妇一样，和石磊吵个天翻地覆，死皮赖脸地揪着石磊不离婚，她也无法再拴住石磊的心。于是，她同意了离婚。一段才子佳人的故事就这样结束了，令他们周围的朋友唏嘘不已。

**相处久了，婚姻会出现心理饱和，但这并不能成为出轨的理由，因为婚姻是绵延一生的承诺。**

也许会有很多人不明白，这样一对才子佳人怎么会分道扬镳呢？也会有很多人骂石磊狼心狗肺，抛弃这样一个好女人。不过，我们关注的不应该是这些，而是应该思考为什么这样看似完美的婚姻会在瞬间瓦解。

心理学里有一个名词叫“心理饱和”，顾名思义就是人的心理承受能力到了难以再继续承受的程度。就像将糖放入水中，开始会溶解得很快，但放多了，超过了一定量之后，就不能再溶解，而在容器底部产生沉淀，这种现象叫作“饱和”。

举个大家都有体会的例子，在你开始一份新工作之初，你可能会非常积极、主动，但是时间长了，你就会渐渐失去兴趣，工作效率也会随之降低。这就是心理饱和现象，简而言之，就是干腻了。

同样，婚姻生活也会出现饱和的现象，于是，一些对婚姻不负责任的人出现了婚外情，用于解决这种心理的饱和，就如石磊所说，“我不甘于这种平淡的生活，那个女人带给我的东西，你给不了。我怀念爱情的味道。”

夫妻结婚几年或十几年，每天生活在一起，对方的一举一动、一言一行，彼此都了如指掌，没有一点新鲜感，久而久之，就萌生了厌倦。此时，一旦碰到中意的异性，很容易出轨，因为新鲜、好奇、刺激。由此可见，婚姻中出现心理饱和是一种“不安定因素”，它如同一颗定时炸弹，一旦遇到合适的机会，就会爆炸，使婚姻关系瞬时瓦解。

那么，是不是说平淡的婚姻遭遇心理饱和都会使婚姻走向解体呢？当然不是。有句话叫平平淡淡才是真，无论恋爱时多么有激情，走入婚姻之后，都会慢慢地回归平淡。但平淡绝不是发展婚外情的理由，一个有责任心、对家庭负责的人，是不会拿婚姻平淡、外面世界精彩来作为出轨的借口的。

走入婚姻的人应该学会自律，莫放纵，立场坚定地拒绝外来的诱惑，对爱人负责，对子女负责，更应该对自己负责。《东邪西毒》里有这样一句话：每个人都会经过这个阶段，见到一座山，就想知道山后面是什么。我很想告诉他，可能翻过山后面，你会发现没什么特别。回望之下，可能会觉得这一边更好。我想这句话应该是对那些蠢蠢欲动的人们最好的奉劝。

如果你已经对爱人产生了厌倦，并且在你的身边又出现了另一个他（她），你该怎么办？调整好心态，善于发现爱人的美，找出爱人身上的优点。比如，老公虽然不帅，但他很懂得照顾人；妻子虽然不懂情调，但是她很勤劳，把家里打理得井井有条；老公不爱干家务，但他会主动承担家里的重活、脏活；妻子虽然看起来有些土气，但让人放心，不会红杏出墙……

生活是实实在在的，婚姻是平平淡淡的，但这种实在、平淡是最真实的，让人踏实。那些美丽的诱惑只不过是雨后的彩虹，虽然美丽，却会转瞬即逝。

## 给犯错的爱人一次回家的机会

曾经他（她）在你心里是那样的完美，就像一块美玉，你小心翼翼地呵护着。有一天，你却无意间在这块美玉上发现一块瑕疵，你想丢掉，却又舍不得，因为你真的喜欢，你很纠结。瑕不掩瑜，我们为什么非要盯住缺点不放，而忘记了它的优点呢？

郑勇是一家跨国公司的CEO，两年前，被派往国外学习，如今马上就要回国了，一想到要看见朝思暮想的妻子姜美丽，他就格外激动，特意买了几件礼物送给妻子。听到老公要回国的消息，姜美丽是既高兴，又难过。因为在郑勇出国之后，孤单寂寞的姜美丽与同事发生了婚外情，虽然两人已经分手，可是她的内心却没有一天不在受煎熬，后悔、自责无时无刻不在折磨着她。

在姜美丽的忐忑不安中，郑勇回国了，他拿出给妻子购买的礼物，“你看，这条裙子的款式是国际上最流行的，枣红色是你最喜欢的颜色；还有这条围巾，和你的气质很相配。”郑勇如数家珍一般介绍着，可姜美丽的心却紧紧地揪在了一起，表情凝重。

经过了一个星期的煎熬后，姜美丽决定把事情告诉郑勇，她觉得即便丈夫提出离婚，也比整天活在欺骗中强得多。当郑勇听完妻子的故事后，气得浑身哆嗦，却斩钉截铁地说：“我是不会离婚的，离婚了，就成全了你们。像你这样的女人是不会有好下场的。”

这件事之后，郑勇开始酗酒，每天很晚回家，回到家，不顾妻子的感受，强行与妻子过性生活。郑勇的粗暴深深地伤害了姜美丽，但姜美丽不怨丈夫，因为这一切都是自己造成的。看着丈夫每天都这样折腾自己，她心疼得不得了，却无能为力。

郑勇是爱姜美丽的，和她离婚，他做不到，可他又无法原谅妻子的出轨行为，他深陷在痛苦的泥沼中无法自拔。一天，郑勇在街上偶遇了前女友晓梅，好久不见，两人聊得投机。在聊天中，晓梅将婚姻不幸告诉了郑勇，并表示后悔当年草率分手。

望着昔日的旧情人，郑勇有几分怜惜，再想想妻子的背叛，一颗复仇的种子在他的心里开始萌芽。那天，郑勇喝了很多酒，没有回家，和晓梅去了宾馆。郑勇紧紧地搂着晓梅，将姜美丽背叛的事情告诉了晓梅，并狠狠地说，“我一定要让她尝尝背叛的滋味。”说着，便开始亲吻晓梅。

谁知，刚才还温顺的晓梅，却一把推开了郑勇，“郑勇，我以为你还爱我，其实，你只是把我当成你报复你妻子的工具。真搞不明白，你们明明互相爱着对方，为何要互相伤害?”“不，我接受不了。她背叛了我，我也要背叛她。”说完，郑勇再次扑向了晓梅。

“啪”的一声，晓梅甩了郑勇重重的一个耳光，愤怒地说道：“卑鄙!”然后整理好衣服，拎起包，走到门口的时候，晓梅转过头来，对郑勇说：“如果你爱她，就给她一次回家的机会吧。”晓梅的一个耳光，彻底打醒了郑勇，他径直朝家的方向走去，他准备和姜美丽好好谈一谈，开始他们的新生活。

**婚姻里相互报复，只会两败俱伤，放下仇恨，明天会更加美好。**

在郑勇与姜美丽的婚姻故事中，让我们深深体会到什么是爱之深、恨之切了，姜美丽因为在乎郑勇，才会冒着被老公责骂甚至扫地出门的危险，将发生婚外情的事情如实告知。妻子出轨，郑勇本可以提出离婚，但因为爱姜美丽，他不愿离婚，但又无法接受妻子出轨的事实。他心理不平衡，而晓梅的出现，让他找到了寻求心理平衡的方法，就是和妻子一样，发生婚外情。这是一种报复心理。

这看似荒唐的事情，其实在现实生活中，屡见不鲜。因为人们总是习惯把自己放在比对方更高的位置，一旦别人做了对不起自己的事情，我们就会深陷在受害者的身份中自哀自怜。有了这样的心理，就容易产生报复的动力，似乎只有两个人都是受害者了，才能恢复这种平等的关系。

不过，事实上，以牙还牙的报复心理往往会让人更加痛苦。荷兰马斯特里赫特大学完成的新研究发现，持“报复”或“复仇”心理的人，更容易事业、朋友圈子更小，生活更不快乐。而心存感激、知恩图报的人则可能赚到更高的薪水，拥有更多的朋友，生活得更快乐。所以，那些在婚姻中试图用出轨的方式来报复对方的做法，是得不偿失的，是损人害己的，更是愚蠢的。

那么，当夫妻一方因一时糊涂有出轨行为时，如何才能使两个相爱的人不计前嫌，再次走到一起呢？

首先，要坦诚，要勇于承担。

一个幸福美满的家庭，需要夫妻双方真诚对待，无论发生的事情多么难以启齿，也要把它说出来，不说不仅不会让你感到轻松，反而更让你无法喘息。这样，既是对自己负责，也是对爱人负责。

我们都是成年人，犯了错误就要对自己的行为负责，立马终止与那个人的任何联系，彻底地悔悟，反省自己，认清自己的错误，回归到家庭中来。

其次，给对方一些时间。

即便对方同意复合，你也应该明白，这种伤害不是一时半会儿就能忘记的，没有哪一种事情会比出轨给婚姻造成的伤害更大。所以，恢复的过程是需要时间，需要精力的，希望对方马上原谅你，是不可能的，除非他根本不在乎你。

最后，重建信任。

在婚姻的修补中，重建信任是非常重要的一个环节，这时“受害者”的一方要拿出你的诚意，告诉对方你依然相信他（她），并且要让对方感觉到你是真的信任他（她）。

美国纽约圣·罗斯学院的研究人员发现，当被研究者感觉受到信任时，他们往往表现出一种更让人值得信任的行为方式。所以说，你的行为也会直接影响对方的行为。

在婚姻中，我们都是孩子，都有犯错的可能，只要对方迷途知返，就给他（她）一个改正错误的机会吧。

# 别让婚姻败在孩子手里

妻子指着孩子，对丈夫吼道，“这孩子都变成这个样子了，你怎么不好好教育他？”丈夫毫不示弱地答道：“孩子不是我一个人的，你凭什么指责我，还不是你娇惯的？”躲在门后的孩子惊恐地望着父母，吓得瑟瑟发抖。

最近，华美的心情非常糟糕，她觉得自己在家里就像个外人，没有一点儿说话的权利，什么事情都要听丈夫和公婆的。

华美是个开通的女人，无关紧要的小事情，她并不会在意。最让她受不了的就是女儿冉冉的教育问题，老公和公婆搞统一战线，把自己撇在一边，由于双方在教育方式上有很大的差异，使家庭矛盾此起彼伏。

华美幼时家里经济条件不好，没有机会上好学校，耽误了自己一辈子的前途，她不希望这种遗憾再在女儿冉冉身上重演，所以，她想给女儿提供最好的教育环境。如今，冉冉已经上初三，马上就面临中考，她对女儿的学习抓得更紧了，周末、寒暑假，还为冉冉报了课外辅导班。她不止一次地告诉女儿，“冉冉，你一定要好好读书，考上重点高中，就等于一条腿迈进了重点大学的门槛儿。”

华美的丈夫龙飞看到女儿每天都被繁重的课业压得没有喘息时间，非常心疼，便常常鼓励女儿多休息，多到外面去走一走；告诉女儿，学习的事情不能操之过急，要慢慢来。华美听到丈夫这样教育女儿，非常生气，心想，你这不是明摆着跟我作对吗？我鼓励女儿好好读书，你却鼓励她好好玩。

于是，华美与龙飞就女儿的教育问题，发生了激烈的争吵，“你怎么能这么教育女儿？她现在是关键时期，千万不能松懈，否则，功亏一篑。”龙飞面对妻子的指责，非常不满，“读书，读书，你就知道读书。玩是孩子的天性，你没有资格剥夺她玩的权利。”

公婆听到夫妻两人的争吵，从房间里走了出来，婆婆说，“小美，孩子还小，现在正是长身体的时候，你不能总让她学习，要让她多休息，多娱乐。”还没等华美说话，站在一旁的公公，也跟着说，“是啊，现在的孩子真辛苦，我们家龙飞小时候可没遭过这个罪。”公公说得不错，龙飞是独生子，从小在父母的溺爱中长大，没受过一点儿风吹雨打。

冉冉看到为自己的事情，家里人吵作一团，有几分得意，故意委屈地问龙飞，“爸爸，你说我现在是该回到房间里去做功课，还是应该出去晒晒太阳呢?”说话的时候，还不时地将眼睛瞟向华美，华美气得说不出话，用眼神暗示丈夫，希望龙飞能够和自己统一，可龙飞却装作没看见，拍着女儿的肩膀说，“宝贝女儿，去外面晒晒太阳吧，不然会像你妈妈一样发霉了。”

因为女儿教育的事情，华美与龙飞吵了不止一次两次，每次吵架，公婆都要参与战斗，指责华美的不是。华美一气之下，在外面租了房子，让女儿过去和她一起住，直到她中考结束，否则，不准回家。华美的这一行为，彻底激怒了龙飞和公婆，使夫妻矛盾、家庭战争不断升级。

**孩子是你我的最爱，但不能让孩子成为婚姻的第三者。**

华美的夫妻矛盾、家庭矛盾皆因女儿冉冉的教育问题而起，因家庭教育引发的家庭矛盾，在日常生活中屡见不鲜。在家庭矛盾冲突中，从表面上看受害者是夫妻，其实，最大的受害者是孩子。

毋庸置疑，夫妻不和，肯定会给孩子的心理健康带来负面影响，至于影响的程度，取决的因素有两个，一是取决于孩子的年龄，如果孩子小于 12 岁，伤害会更大一些，因为这是孩子成长的关键时期；二是取决于夫妻之间矛盾冲突的严重程度，夫妻关系越恶化，孩子受到的惊吓、不安、焦虑等心理伤害就越深。

那么，是不是解决好孩子的教育问题，夫妻的关系就能缓和，就能给孩子提供一个温暖的家呢？看似是这样，实则问题的中心不是孩子，而是夫妻关系，因为夫妻关系是家庭的重心。俗话说，重心不稳，必然摔跤。

在现实生活中，很多家庭都与华美的家庭有类似经历，因为孩子的问题影响到夫妻关系，进而影响到家庭关系，解决这一矛盾的关键点在于夫妻之间好好沟通，心平气和地交谈，认认真真地倾听，晒出各自的理由，看看谁的方式方法更适合孩子，而不是一味地埋怨与责备。

切记一点，不能当着孩子的面处理夫妻之间的争吵，不然，既会让孩子感到恐惧，又会让孩子感到无所适从，反而不利于子女的教育。只有将因孩子的教育引发的矛盾化解在夫妻沟通之中，才不会影响孩子的心理健康，也不会影响夫妻感情。

目前，很多家庭都把带孩子的重任交到老人手里，由公婆带孩子这一中国特色的现象，引发了不少家庭矛盾。首先，公婆的到来，肯定使夫妻关系受到影响，在老人面前，夫妻之间中规中矩，没有机会或者很少有机会过二人世界。

此外，公婆老一辈教养方式的介入，也会与新观念、新思想产生冲突，解决这一冲突的关键在于丈夫，如果丈夫与妻子的关系融洽，在子女教育问题上已经达成了共识，并且丈夫发挥主观能动性，将新的教育观念、思想通过与父母的沟通交流，让他们接受，就不会出现故事中华美孤立无援，有被抛弃之感了，当然也就不会出现家庭矛盾的进一步升级。

最后特别提醒一下，女人不能有了孩子就围着孩子团团转，应该知道夫妻是家庭的基础，爱人才是陪伴我们走过一生的人。子女早晚有一天会远走高飞，寻找自己的梦想，所以，我们的婚姻不能败在孩子手里。

孩子是婚姻的纽带，不应该是羁绊；孩子是爱的结晶，不应该是爱的全部。

## 走出婚姻，雨过天晴

曾经的海誓山盟依然在耳边回响，曾经的花前月下依然在脑海萦绕，曾经的美丽容颜依然清晰可见，当一切的曾经变成了撕心裂肺的痛，我该如何走出没有你的日子，开始新的生活呢？

离婚之后，男女双方原本应该各走各的路，然而，冯森与胡玉英这对离婚已经有两年的夫妻，却剪不断，理还乱。

两年前，胡玉英认识了一个健美教练，对方长得高大魁伟，充满青春气息，而且特别会照顾人，与木讷的丈夫冯森比起来，不知要强多少倍。两人认识不久，胡玉英发生了婚外情。东窗事发之后，冯森提出了离婚，很快，两人办理了离婚手续。

本以为离婚后，没有人管，心里会舒服些，可胡玉英却发现自己越来越离不开这个家，于是，她对冯森说，“你看，我们的儿子现在读初二，如果让他知道我们离婚了，肯定会影响他的学习，我能不能离婚不离家呢?”冯森想了想，觉得胡玉英说得有道理，就同意等儿子中考之后，再说出实情，再让胡玉英搬走。

一年后，冯森经人介绍认识了一位女友，两人情投意合，大有相见恨晚之感。相处一段时间后，女友提出要来家里看看，冯森爽快地答应了，并把他与前妻离婚不离家的情况告诉了女友，还特别强调说，儿子再有两个月就要中考了，中考一过，前妻马上搬走。女友虽有些不高兴，但是想想也就还有两个月的时间，忍忍就过去了。

周末的一天，冯森带着女友来到家里，胡玉英见前夫领了一个女人回家，很不高兴，但她是个聪明人，并没有表露出来，而是热情地迎了上去，“哟，老冯啊，这是谁呀?我怎么没见过，要说你的朋友我可都认识啊!”冯森硬着头皮，给两人作了介绍。确定对方就是冯森的女友时，胡玉英在他们身边转了一个圈儿，然后啧啧地说:“不错不错，非常般配。想当初我和老冯也是很般配的，你看，不还是分了吗?”

面对前妻的无理取闹，冯森很恼火，“胡玉英，我们已经离婚了，请你不要再恶语中伤别人。”胡玉英哈哈一笑，“老冯，我就是开个玩笑。你这个男人啊，太小气，就是开不得玩笑。妹子，这点你可要记住了，不能和他开玩笑，不然你们早晚得步我的后尘。”胡玉英越说越得意，越说越过分，冯森的女友实在听不下去了，摔门而去，冯森的这段感情也就此结束。

很快，儿子中考结束了，胡玉英搬出去的日子也就到了，冯森三番五次地要求胡玉英搬家，她一再推托，不是说房子没找好，就说最近没时间，总之就是不搬。胡玉英被逼急了，就在儿子面前哭哭啼啼，“孩子，你爸爸太狠了，要把妈妈逼走。”不明真相的儿子对冯森的恨与日俱增。无奈之下，冯森一纸诉状，将胡玉英告到法庭，一场原本已经离婚的夫妻不得不对簿公堂。

**离婚好比与昨天挥手说再见，迎接的将是一个崭新的、幸福的明天。**

胡玉英与冯森的故事看似荒唐，但在现实生活中，却时常上演。于是，有人便问了，既然离了，为什么还要住在同一个屋檐下呢？其原因主要有三个：

原因一：为了给孩子一个完整的家。

离婚之后，受伤害的不仅有夫妻，还有孩子，为了减轻孩子心灵上的创伤，夫妻会暂时忍着住在一起的别扭，为孩子作出牺牲。故事中，冯森同意胡玉英离婚不离家，就是出于这个考虑。

原因二：后悔草率地作出离婚决定，欲为复婚创造机会。

离婚容易，但真的要将一个与自己相爱过、相处过多年的人彻底忘记，并不是件容易的事情。很多夫妻在离婚之后，会藕断丝连，离婚不离家往往是为再次结合创造机会。故事中的胡玉英虽然表面上是为了孩子留在这个家里，实则是后悔离了婚，想与丈夫再续前缘。

原因三：因恨生出报复心理。

胡玉英希望能与丈夫重归于好，才留在家中，可是丈夫却结交了新女友，这让胡玉英大受刺激，于是，她开始憎恨丈夫。在丈夫带女友回家时，冷嘲热讽，拆散他们，这是报复心理在作祟。

诚然，离婚是一种痛苦的经历，但是，离婚者必须面对现实，离婚意味着婚姻关系的结束，与其纠结在一起，折磨自己，不如优雅地转身，退一步海阔天空。此话说起来轻松，但要真正做起来却不是一件容易的事情。通常离婚的人要经过震惊、否认，迷茫、困惑，孤独、寂寞，抑郁、悲伤，愤怒与怨恨五个阶段。

离婚初期，离婚者常会感到离婚如同梦魇，不相信事实，不接受事实，此时很容易陷入幻想中，无法自拔。这个阶段，最重要的是保持理智，正视离婚所带来的伤害，并且通过哭泣、诉说等途径，将积压在心中的不良情绪发泄出去。那些故作轻松没事的人，往往是自欺欺人，其痛苦会更大。

接受离婚的现实之后，一些人会感到迷茫、困惑，认为自己是个失败者，把自己看得一无是处，不知道自己的未来该怎么办。婚姻失败的确是很糟糕的事情，但并不能把自己全盘否定，应该清楚自己的价值，看到除了他（她），在你身边还有很多关心你和爱你的人。

度过了迷茫和困惑期之后，离婚者会感到前所未有的孤独与寂寞，常常会触景生情，回忆起以往你们在一起的美好时光。转移注意力是缓解此阶段最好的方法，离开熟悉的环境，去旅游，或者培养一些有益身心的爱好，比如唱歌、跳舞，让自己的生活忙碌起来，没有时间去思考，应该是最好的缓解办法。

有些人离婚后，怕别人嘲笑，或者看到自己失魂落魄的样子，会把自己隐藏起来，不见人，终日对着墙壁发呆，泪流满面。这种人很容易抑郁，很难走出情绪的低潮。婚姻失败固然要好好地反思，但不能活在痛苦中走不出来。这个阶段最重要的是让内心强大起来，一个内心足够强大的人才有勇气战胜一切困难。

离婚就意味着婚姻的结束，在纠缠也无济于事。像故事中的胡玉英，再纠缠下去，只会让怨恨越积越深。宽容别人，也是宽容自己，放下愤怒与怨恨，才能开始新的生活。

离婚是痛苦的，但它是破茧成蝶的过程。离婚后应该更好地认识自己，活得更坚强、更精彩！

## 重返伊甸园

结束了一段失败的婚姻，迎接一段新的开始，本应该是幸福的，可是，很多人却把再婚的生活过得更加拧巴，更加惨不忍睹，难道又是一个错误的轮回？非也，这是你的心理障碍在作祟。

三年前，辛海燕的丈夫在车祸中去世，留下她与15岁的儿子相依为命。经朋友介绍，辛海燕认识了钟文。钟文的前妻是个女强人，几年前去了国外，并很快有了情人，钟文无法忍受妻子的背叛，一气之下离了婚，留下一个 12 岁的女儿由钟文抚养。

几番接触下来，双方感觉都不错，交往一年后，两人组建了新的家庭。结婚不久，两人的矛盾日益凸显出来，辛海燕认为钟文是大男子主义，家里家外一切事情都由他说了算，自己说话的权利很小。她觉得丈夫会这样做，就是不信任自己。她想想以前已经亡故的前夫，对自己唯命是从，在心理产生巨大落差的同时，也更加思念亡夫。

而钟文对辛海燕也有怨言，他觉得女人应该把全部的精力放在家庭上，而不是下了班还去会朋友，唱卡拉 OK，很晚才回家。钟文总觉得和辛海燕在一起不踏实，担心有一天辛海燕也会和前妻一样，看上别的男人，跟别人跑了。所以，他很在意辛海燕的一举一动，接个电话，发个短信，都十分警觉。丈夫的多疑让辛海燕大为不满。

虽然彼此都有怨言，但考虑是再婚，不容易，小吵小闹也就忍了。可孩子是父母手心里的宝，大人可以忍气吞声，但孩子是一点委屈都不能受的。婚后，钟文的女儿姗姗对辛海燕有抵触情绪，为了缓解双方的关系，辛海燕就让姗姗叫自己阿姨，在照顾孩子方面，尽量做到一碗水端平。

一天，辛海燕的儿子小涛与姗姗因为看电视发生了争吵，小涛情急之下，推了姗姗一把，这一幕正好被下班回家的钟文看见，他严厉地批评小涛，“你这孩子，怎么这么没教养，上来就打人。”正在厨房做饭的辛海燕听到钟文这样说自己的儿子，一个箭步冲了出来，“钟文，你批评孩子，我没意见，你怎么能说他没有教养，你这不是骂我吗?”

“我怎么骂你了？他现在也是我的儿子，你这样说分明是没把这里当家，你还不让姗姗叫你妈妈，那你跟我结婚干什么?”钟文的一句话问得辛海燕哑口无言，眼泪扑簌簌地流了下来。小涛看到母亲受了委屈，冲到钟文面前，大喊道：“你凭什么欺负我妈妈？以前我爸对我妈可好了，从来都不让她流泪。”“你这孩子太不像话了，大人说话，有你插嘴的份儿嘛?今天我就要好好教训教训你。”“啪”的一声，钟文一个巴掌打在了小涛的脸上。

辛海燕被这一幕惊呆了，愣了几秒钟，扑向自己的儿子，关切地问：“小涛，没事吧，让妈妈看看。”小涛哇的一声哭了，“妈妈，我们回家吧。”辛海燕愤怒地瞪着钟文，从牙缝里挤出两个字，“离婚!”说完，拉着儿子小涛出了门，回到她和前夫的家。

**再婚不应该是痛苦的继续，而是幸福的开始，再婚之前，先问问自己，准备好了吗?**

一段不幸婚姻结束，开始一段崭新的婚姻，应该是件很幸福的事情，但是，据有关统计资料显示：再婚家庭的离婚率比初婚家庭要高。其最重要的原因是经过离婚的伤痛之后，双方都存在着一定的障碍，那么，有哪些心理障碍会影响再婚的幸福呢？在辛海燕与钟文再婚的故事中，我们可以窥一斑而知全豹。

第一，怀旧心理。辛海燕的前夫因车祸去世，这种因一方的死亡而导致婚姻的结束，会给另一方带来巨大的痛苦，并且对前配偶的感情非常深，再婚后会时不时地流露出对以前配偶的怀念之情。

第二，比较心理。辛海燕在上一段婚姻中，在家里能够当家作主，而与钟文结合后，却发现现任丈夫有点儿大男子主义，自己没有说话的权利。两任丈夫的对比，让辛海燕心理上产生了很大的落差。

第三，戒备心理。虽然上一段婚姻已经结束，但上一段婚姻遗留下来的一些东西，依然会影响这段婚姻。钟文是因为前妻有了外遇，才与之离婚的，所以他很怕辛海燕也会和前妻一样重蹈覆辙，处处提防。

第四，自私心理。这一心理是导致再婚夫妻关系紧张的重要原因，夫妻双方都以自我为中心，都想控制对方。比如，钟文看到小涛推了自己女儿一把，立马上前大声训斥，而辛海燕看到儿子受了委屈，也马上冲上去，与之理论。这种做法很容易使夫妻双方产生敌对情绪，使婚姻走向解体。

以上是再婚者主要的心理障碍，除此之外，还有其他一些不良心理，在此不再赘述。不管是哪一种心理，在夫妻双方相处过程中，都应该尽量克服，这是再婚幸福与否的关键。只要夫妻双方本着理解、尊重、沟通的原则，这些看似令人头痛的问题就会迎刃而解。那么，如何才能做到这一点呢？

首先，要有同理心。所谓的同理心，就是能够同情和理解现任伴侣的感受。比如，辛海燕对亡夫念念不忘，这是一种不自觉的补偿行为，钟文应该理解妻子的行为，更加呵护妻子，才能让她摆脱对亡夫的思念，否则，越是排斥，越会强化妻子的补偿心理。

其次，忽视缺点，多找优点。很多再婚夫妻都会不自觉地将现任伴侣与以前的伴侣进行比较，尤其是在发生争吵时，更是如此，如果发现以前的伴侣好，心理就会失衡。每个人都有缺点和优点，我们不能拿一个人的短处与另一个人的长处进行比较，而是应该尝试忽视缺点，寻找现任伴侣的优点，这样心里才会坦然，才会容易接受现任的伴侣。

再次，相互理解，帮助对方抚平心灵上的创伤。每种行为背后都有心理密码，夫妻之间要善于读懂行为背后的心理密码。比如，有人遭遇过情感背叛，再婚后，他会非常在意现任伴侣的一举一动，生怕重蹈覆辙。对方应该给予理解，并帮他消除这种疑虑，对方有了安全感，自然就不会疑神疑鬼了。

最后，以博大的胸襟接纳继子女。如何与对方的孩子和睦相处是很多再婚夫妻遇到的棘手问题，处理不好，很容易影响夫妻感情。解决这一问题，夫妻双方都要有足够的耐心，不要期待孩子一下就能接受自己，慢慢来，走进孩子的心里，和他们成为朋友。另外，对伴侣教育子女的方式要持宽容、理解的态度。

多一分理解，少一分抱怨；多一分宽容，少一分计较；多一分信任，少一分猜疑，再婚也可以很幸福。

# 有多少爱可以重来

本以为结束了痛苦的婚姻，会活得轻松自在，离开后才发现自己早已经习惯原来的生活，没有他（她）的日子，我有些不知所措，孩子凄楚的目光更是直戳心窝。我开始后悔，想去找他（她），可是，覆水难收，又有多少爱可以重来呢？

16 年前，余辉与徐娜在大学校园相识、相爱，因为彼此都是对方的初恋，所以，两人非常珍惜这份感情，虽然恋爱的时候出现过一些小插曲，但最终还是结为连理。也许是造物主弄人，在结婚的第 12 个年头，两人却离婚了。

离婚后，余辉过上简单的单身生活，朝九晚五，下了班，就约上几个朋友喝喝小酒、唱唱歌、跳跳舞，再晚也不会有人打电话催他回家。可这反倒让他不自在，回到家里，房间静悄悄地，只有挂在墙上的闹钟嘀嗒作响，往日与儿子在房间里追逐嬉闹的声音依然在耳边回响。

徐娜离婚后，本以为能够和她的情人缠绵到老，结果却是情人半路反悔，迷途知返，使一心离婚寻找真爱的徐娜落得个形单影只。望着一天比一天忧郁的儿子，徐娜心里开始有些后悔。“也许当初的决定是错误的。”她喃喃自语。

周末，余辉来徐娜的住处接儿子，儿子迟迟不肯走，一手拉着妈妈的手，一手拉着爸爸的手，然后将两只手放在了一起，徐娜与余辉显得非常尴尬。他们的儿子是个精灵鬼，趁机躲了出去，经过一番交流后，徐娜与余辉决定复婚，给孩子一个完整的家，也给彼此一个机会。

破镜重圆，收获失而复得的爱情，徐娜与余辉都非常兴奋，倍加珍惜。复婚后最初的一段时间里，两人感情甚笃。不过，好景不长，余辉就隐隐地担心起来。徐娜性格开朗，喜欢交朋友，下班后，偶尔会和朋友一起去逛街、吃饭，玩得兴起，半夜回家也是常事。因为徐娜之前有过那么一段不光彩的“过去”，所以，余辉担心“悲剧”再次上演，对妻子自然是盯得有些紧。

余辉常在徐娜去卫生间或者洗澡的时候，偷看她的手机。晚上睡觉，徐娜去卫生间，余辉也会侧耳倾听。一天深夜，徐娜的手机响了，她怕影响丈夫休息，便拿着手机去客厅接听，余辉则悄悄地跟在后面。徐娜接完电话，一抬头，猛然看见丈夫就站在身边，既惊讶又气愤，两人对视了几秒钟，却谁都没有说话，回到房间，背对着对方，睡觉了。

这件事以后，余辉更加胆战心惊，徐娜则更加小心翼翼。虽然两人都很纠结，但是想到再婚已经不易，谁都没有把心底的话说出来，就这样貌合神离地过着。平时只有两人在家的时候，常常是一人抱着电脑，一人抱着电视，互不理睬，只有儿子回家的时候，两人才难得的挤出一丝笑容，在儿子面前装出一副很恩爱的样子。

压抑的家庭生活让徐娜身心疲惫，朋友劝她和丈夫好好沟通交流，徐娜却无奈地摇摇头，冷笑着说：“复婚夫妻的心是玻璃做的，很容易碎，不能碰的，就这样将就过吧。我早已经对幸福婚姻不抱太大希望了。”

**复婚不是原有家庭的复制，而是一个新家庭的诞生。**

经历过初婚的幸福，离婚的痛苦，男女双方再次走到一起，难能可贵。有人说复婚是幸福的延续，也有人说复婚是执迷不悟，那么，复婚究竟是凤凰涅槃、浴火重生，还是重蹈覆辙、悲剧重演呢？这是个很难说清楚的问题。相信每对男女在有复婚的打算时，都奔着幸福的延续去的，可是，为什么还会有那么多的悲剧上演呢？从余辉与徐娜的故事中我们能了解到一些复婚夫妻的心理特点。

破镜重圆肯定是好事，复婚的双方都会很高兴，在高兴的同时，也会更加珍惜这来之不易的机会。余辉与徐娜在复婚初期，两人如胶似漆，往日的阴霾一扫而光，心里满是对未来生活的向往，也更加珍惜失而复得的婚姻。

然而，复婚不久，两人就出现了信任危机，余辉见妻子晚归、半夜打电话，都会十分紧张，害怕妻子再次出轨。信任是婚姻幸福的基础，但是复婚的夫妻往往很难忘记过去的不愉快，很难做到完全信任对方，于是，便互相提防，从而加重彼此的猜忌、不信任，造成夫妻关系紧张。

其实，这种担心、提防是没有必要的。心理学研究证明，人的任何内心状况都可以从其言行上表露出来，任何秘密都是掩盖不了的。

再婚夫妻一旦彼此猜疑，就会产生不安全感，余辉担心妻子再次出轨，而妻子徐娜对这段婚姻也缺乏自信，抱着过一天是一天的心理。因为她不信任对方，从对方那里无法获得安全感，就会出现貌合神离的夫妻。

从离婚到复婚经历了一个痛苦的过程，所以即使复婚后，过得并不幸福，多数人还会选择凑合，为了给孩子一个完整的家，为了照顾双方父母的面子，等等。带有这种目的而复婚，并没有为修复受伤的感情作出努力，往往不会取得圆满的结局。

另外，由于害怕婚姻再次解体，夫妻双方都会很注意自己的言语和行为，变得拘谨，有什么话都不愿意说出来，而是埋在心底，担心说出来，会引起对方的不满。可越是压抑，夫妻之间越像是陌生人，少了本该有的甜蜜与幸福。

无论是信任危机、缺乏安全感，还是提防、猜疑、压抑，这些影响夫妻感情的不良因素都可以通过心灵沟通来化解。但复婚的夫妻往往缺乏或者不愿意进行心灵沟通，一方面他们认为彼此已经很熟悉，无须再进行心灵沟通；另一方面没有意识到经过一次婚姻的剧变后，双方的心理已经发生了变化，彼此之间应该重新认识。因为缺乏沟通，再加上复婚的夫妻心理十分脆弱，很容易产生误会，从而使矛盾丛生。殊不知，婚姻的牢固程度是与彼此心理的相融程度成正比的，而使婚姻解体的大多是因双方心理上已不能相互接受导致的。

如果夫妻之间能够有一个良好的沟通，那么，婚姻将来的走向一定会幸福的。这样的复婚应该算作是重生吧，但是对于有些复婚者来说，从一开始就注定是失败的，因为不是所有的离婚者都适合复婚的。

比如，有家庭暴力的婚姻，一方受到过严重的侵害，离婚后，由于经济利益受损，想通过复婚来弥补的；一方生理上有疾病；缺乏自食其力的能力，希望得到另一方资助；等等。有以上情况最好不要选择复婚，即使复合，也可能会使悲剧再次上演。

复婚并不是意味着幸福就可以继续，因为继续走下去往往比重新开始需要更多的勇气与智慧。

## 心理测试：你的伴侣忠诚吗

问题：如果一辈子只做一件家务，你会选择？

A. 洗碗

B. 拖地

C. 做饭

D. 倒垃圾

测试结果：

选 A 洗碗：有贼心没贼胆。

选 B 拖地：很想越轨，但是有道德，不会乱来。

选 C 做饭：结婚后对对方很忠诚，做事有责任心，会是个好伴侣。

选 D 倒垃圾：结婚后还会拈花惹草。

注：以上测试由李・克隆巴赫设计。李・克隆巴赫为美国心理学家。

【第五章】

# ·云卷云舒期：我能想到最浪漫的事，就是和你一起慢慢变老·

蓦然回首，人生过去了一大半，身边的很多人很多事早已湮没在岁月的风尘中，唯有他（她）灿烂的笑容依旧，脑海里不期然地浮现『执子之手，与子偕老』。

# 我们的爱去了哪里

以前，有孩子在身边，一家人其乐融融，我们之间有说有笑。孩子离开后，我们却无话可说了，常常面面相觑，不知该说些什么。渐渐地，我们之间隔的距离越来越远，感情越来越淡漠，是谁夺走了我们的爱?

去年，骆丹的女儿婷婷考上了北京大学，女儿一走，家里冷清了很多，骆丹有些不适应。她以前下了班，就匆匆往家赶，给女儿做饭、洗衣服、收拾房间、辅导功课，忙得团团转。丈夫左鹏工作忙，经常加班，但是无论多晚，都坚持回家，从不住单位的宿舍，回到家，偷偷地看一眼熟睡的女儿，才心满意足地回到卧室睡觉。骆丹经常吃醋地说，“当年恋爱的时候，也没见你这样对我。”左鹏呵呵一笑。

女儿上大学之后，骆丹的生活变得简单、清闲了，心里空落落的，好像整个家庭失去了轴心，每天晚上吃完饭，无聊地拿着遥控器一个台接一个台地拨过去，却没心思看。左鹏整天垂头丧气的，阴沉着个脸，看哪里都不顺眼。渐渐地，左鹏回家的次数少了，常常在外面和同事、朋友喝得酩酊大醉，然后回到单位的宿舍，呼呼大睡。

骆丹感觉到了左鹏的变化，打电话给他，想跟他好好谈谈，左鹏总以工作忙、要加班为由，拒绝妻子。一个周末的下午，左鹏回家拿换洗的衣服，在他即将走出门的时候，骆丹一把抓住了他，愤怒地说："左鹏，你是不是在外人有人了？为什么总不回家？"妻子唐突的问话，让左鹏感到莫名其妙，"你是不是得了妄想症，整天胡思乱想？"说完就要走，骆丹死死地抓着他不放手，眼泪簌簌地落了下来。

左鹏见妻子哭了，便退回到房间，和妻子一起坐在了沙发上，"你能不能陪陪我？我很无聊。"骆丹央求地看着左鹏，左鹏有些不耐烦，"都老夫老妻了，还这么腻歪。婷婷上大学了，你不会自己找点儿事情做吗？约朋友上街，去美容院做美容，不是很好吗？"骆丹也觉得自己这样下去，早晚会憋出病来，于是，听从了丈夫的建议，每天下班后，不做饭了，不收拾房间了，不是陪姐妹逛街，就是找邻居打麻将，来打发时间。

骆丹的生活开始变得充实了，但与丈夫的交流却越来越少，左鹏每次回家，都很难见到妻子，家里冷冷清清。即使骆丹在家，也是各干各的，偶尔的交流都简单得不能再简单："吃饭了吗？""吃了。""今晚又加班了？""嗯。"这样的生活让左鹏很不舒服，他感觉妻子对她越来越冷淡。

一次，左鹏感冒了，不停地咳嗽，他多么希望妻子能够关心地问他几句，但骆丹不仅不关心他，还抱怨嫌他吵人，一生气，他去朋友家打了半宿麻将，回到家倒头就睡。左鹏躺在床上，发着高烧，心里却阵阵发冷，他不停地问自己：我们的婚姻是怎么了？我们还不到50岁，难道下半辈子就要这样过下去吗？离婚的念头在脑子里一闪而过，他不由得惊了一下。

**家庭生命是周期的，如同孩子的成长，每个周期都会带来相应的心理问题，应该学会正确面对。**

孩子是父母手心里的宝，为了孩子，父母牺牲了单独相处的时间。牺牲了休息的时间，牺牲了娱乐的时间，突然有一天，孩子长大成人，像鸟儿一样飞走了，做父母的却不知该如何生活了。

目前，很多中年家庭与骆丹家庭有类似情况，孩子上大学了，中年夫妻迎来了“空巢期”。“空巢期”是指子女离家上学或已独立生活，家中只剩下夫妻两人，生活又恢复了没有生育子女前的二人世界。孩子是家庭的纽带，孩子不在身边，许多家庭问题也就凸显出来。

难怪有人说，高考考的不仅是学生，还有父母。一些夫妻原本感情不太好，多年来为了给孩子一个完整的家，以孩子作为彼此沟通的纽带，勉强地维持婚姻。等孩子考上了大学，夫妻俩就会觉得阻碍离婚的因素消失了，孩子长大了，不再担心给孩子带来伤害，终于可以寻找自己的幸福，所以，很多夫妻会选择在“空巢期”离婚。

也有些夫妻将毕生的心血都花在孩子身上，为孩子的学业忙，为孩子的生活忙，有一天，孩子考上了大学，离开了家，一向忙碌的生活突然闲了下来，就会感到空虚、寂寞。以前一直以孩子为中心，夫妻之间的交流也是围绕着孩子展开，现在孩子不在身边，夫妻之间竟然没有话说了，渐渐地，就会对对方产生厌烦、冷漠情绪。故事中的左鹏和骆丹就属于这种情况。

表面看来，左鹏与骆丹的感情淡化源于女儿的离开，其实真正的原因在于多年来夫妻的感情被亲子之爱所代替，夫妻之间缺少情感的交流，使感情一步步地走向淡漠。人们应该认识到，一个家庭的发展如同人的成长一样，是有周期的，通常家庭生命周期分为诞生、新婚、孕育、空巢和解体五个阶段。每个阶段都会对人们的心理产生一定的影响，空巢期的夫妻往往会因子女的离开，感到孤独、寂寞、惆怅。

那么，如何才能度过多事之秋的“空巢期”？

第一，勤做复习功课。

温故而知新，这不该仅用在学习上，还应用到增进夫妻感情上，多复习一下恋爱时的美好时光——你们第一次约会是在什么时候，恋爱的时候你们去过哪里。有时间的话，也可以故地重游。通过回忆，会唤回往日爱的记忆与甜蜜，重温昔日的激情。

第二，丈夫要多体贴妻子。

相对而言，空巢给女性带来的不适要明显高于男性，一方面女性在家庭中承担更多教育、照顾子女的任务；另一方面此时女性正步入更年期，生理和心理都经历着变化，一时间很难适应这种变化。所以，作为丈夫要抓住这个机会，在妻子面前好好表现一下，多关心、体贴妻子，帮助妻子度过这一波动期。

第三，丰富业余生活，让生活充实忙碌起来。

无事可做，精神空虚，就会使生活变得没有意义，易引发心理问题。所以，人要学会给自己找事做，想想以前因为忙碌，你没有实现的愿望、理想，现在时间宽裕了，可以好好计划计划。也可以多交朋友，培养一下兴趣爱好，业余生活丰富了，生活充实了，自然就不会胡思乱想。

另外，子女离家后，夫妻之间要相互照顾、相互关心，寻找新的情感支持，建立新的生活规律，好好享受幸福的二人世界。俗话说，危机就是转机，处理得当，这恰恰是挽救婚姻、增进夫妻感情的好机会。

## 患难夫妻为何劳燕分飞

多年辛苦地付出，终于守得云开见月明，当幸福来敲门时，打开门，却掉进了万劫不复的深渊。原来糟糠之妻不下堂，只是个伪命题，昨天的功劳并不是换来今天幸福的资本。善于规划的人，才会拥有幸福婚姻。

都说糟糠之妻不下堂，可楚红这个饱经风霜的女人，却在与丈夫结婚 20 年之后，遭受了丈夫的背叛。年轻时的楚红，人长得漂亮，在一家政府机关做办事员，捧的是人人羡慕的铁饭碗。当年追她的小伙儿不在少数，有家庭背景殷实的富家子弟，也有年轻有为的公司经理，可楚红偏偏看不上眼，喜欢上了一个送快递的小伙子宋明。

楚红的父母知道女儿与送快递的宋明交往之后，坚决反对，苦口婆心地劝女儿，“小红，你嫁给一个快递员，将来的日子可怎么过呀？女人一定要找一个有经济实力的男人。”不管父母怎么劝，楚红就是一根筋，非要嫁给宋明。父母拿女儿没办法，只能同意了楚红与宋明的婚事。

结婚后，家里的开销主要靠楚红的工资维持。宋明的工作不稳定，收入也少。一年后，儿子降生，使原本就不富裕的生活更加捉襟见肘，再次失业的宋明决定去学厨师。楚红支持丈夫的做法，独自承担了家庭的重担，既要照顾孩子，又要工作，常常累得她腰酸背痛。

一年后，宋明学艺归来，在一家饭店做起了厨师，收入虽不是很高，但总比楚红一个人支撑要好得多，日子慢慢好起来。几年后，两人手里有了一些积蓄，就盘下一个小饭馆，自己做起老板。创业之初的日子是艰难的，楚红常常是下了班，就往饭店跑，帮忙择菜、洗菜、洗碗。

日子虽然辛苦，但夫妻俩都觉得过得很有奔头，宋明说：“要赚很多很多的钱，供儿子读书，然后买一栋大房子，还要买一辆好车，周末的时候带一家人去兜风。”看着丈夫神采奕奕地描绘着未来，楚红觉得身上有使不完的劲儿。

多年的劳累，使楚红看起来比实际年龄老了许多，当年那个如花似玉的姑娘早已不见了踪影。可楚红说她不后悔，儿子也很争气，去年考上了名牌大学，丈夫的事业蒸蒸日上，已经开了两家分店，她还有什么不满意的呢，自己这么多年的辛苦付出没有白费，终于守得云开见月明。

可是，就在楚红以为幸福正在向自己招手之时，她却发现宋明变了，饭店的生意不爱打理了，对她也不冷不热了，有时说不了两句话，两人就开始吵架。宋明嫌妻子唠叨，一生气住到了饭店里，回家的次数也越来越少，除非回家拿换洗的衣服，否则是三过家门而不入。

一天，楚红起了个大早，想去饭店找宋明好好谈谈，当她推开房门时，却看到丈夫和一个陌生的女人正慌慌张张穿戴衣裤，地下还丢着女人的内衣。楚红被这一幕惊呆了，她不敢相信自己的眼睛，自己多年的付出，竟然换来丈夫的背叛。宋明先是一惊，然后不慌不忙地穿戴整齐，走到楚红的身边，“既然你都看到了，我们离婚吧。”说完，宋明和那个女人走出了房间，留下一脸愕然的楚红。

**每对患难夫妻都应该明白这样一个道理：共苦比同甘更重要！**

楚红与宋明是一对患难夫妻，先是楚红的父母反对两人的婚事，接着是生活的磨难。这对经过生活重重考验的夫妻，在一起生活了 20 年之后，却要劳燕分飞，不免让人感到惋惜，在惋惜的同时，也让人不解：常说糟糠之妻不下堂，大风大浪都过来了，为啥守着幸福却过不下去了呢？

首先，人到中年，是夫妻感情的脆弱期，此时妻子进入更年期，会变得烦躁不安，经常絮絮叨叨，引起丈夫的反感。另外，丈夫的精力也有所下降，这都会对婚姻的质量造成影响。如果夫妻双方不能正视彼此的变化，这种变化包括身体上和性爱两个方面，就很容易出轨，从其他异性身上寻找新的刺激。

其次，生活失去目标。年轻的时候，要努力工作，赚更多的钱，来抚养子女，改善家里的生活条件。到了中年，五十多岁的时候，事业有了，收入多了，孩子成人了，生活突然变得没有奔头了，赚再多的钱也觉得没有意思了。

心理学中有一个名词叫目标效应，即个体为达到一定目标而产生出意志力量。一个即将死亡的人，为盼儿子归来，与他见最后一面，其心理作用甚至可推迟死亡，这便是目标效应在起作用。

在这个故事中，宋明和楚红在生活面临困难时，并没有自暴自弃，相反他们的劲头非常足。因为孩子还小，需要他们抚养，还有很多目标没有实现，要买大房子，要买好车。这也是目标效应在起作用。

那么，如何才能做到患难夫妻情浓意更浓呢？最重要的一点，就是做好婚姻规划。在现实生活中，很少有夫妻对婚姻进行过规划，往往是随波逐流，走一步看一步，今天我们相处得很好，就在一起；明天我们吵架了，感情出现了裂痕，无法修复了，那就离婚。这种对婚姻采取放任的态度，一旦遭遇外界诱惑，或者生活变化时，就容易偏离轨道。

做好婚姻规划，第一是应该明白自己想要什么。不要企图改变别人，使别人适合自己，跟上自己的步伐；而是应该通过改变自己来影响对方，这种方式更容易让别人接受。第二是宽容理解对方，善于沟通。把儿女抚养成人之后，夫妻之间应该树立新的生活目标，是继续努力奋斗，还是暂时歇一歇，或者做慈善事业。当然，这个目标必须是夫妻沟通之后的结果，才能为这个共同目标，分工合作，并肩作战。

在大漠中前行，需用指南针辨别方向，同样，踏上婚姻的列车，也应制定一张准确的运行时刻表，才能保证列车不出轨。

# 善于发现微小的幸福，婚姻就会很美满

斗转星移，一晃 20 年过去了，当年的帅气小伙儿鬓角斑白，貌美的姑娘眼角的鱼尾纹清晰可见，当年的海誓山盟、甜言蜜语早已经淹没在叮当作响的锅碗瓢盆之中。那么，让我们拿什么来继续爱情呢？

许珊与高山结婚已二十余年，50 岁的人了，还能像年轻的情侣一样，如胶似漆。早晨，两人一起到公园晨练，有说有笑；傍晚时分，两人手拉着手走在夕阳的余晖里散步；做饭的时候，一个忙上，一个忙下，配合得十分默契。到了这把年纪，还能如此恩爱，着实让人羡慕。每每听到同事、朋友夸奖他们时，两人都默契地相视一笑，因为只有他们知道二十多年的婚姻里经历过什么。

许珊与高山并不是自由恋爱。当年高山在工作时结识了一个叫小柔的女孩儿，很快两人相爱了。可高山的父母硬是不同意两人的婚事，以死相逼，无奈之下，他不得不接受父母之命媒妁之言，和比自己小五岁的许珊结婚。

带着怨气结婚的高山并没有把许珊放在眼里，对她只有冷言冷语，让许姗受尽了委屈。许珊当然知道高山的心事，但她是爱丈夫的，她默默地承受着丈夫的冷漠，一心一意地操持着这个家。

几年后的一天，高山与小柔在街上偶遇，得知小柔已经离婚，高山旧情复燃，又与小柔走到了一起，那时许珊已经怀有身孕。一天，在高山与小柔幽会的时候，他接到家里的电话，说妻子许珊马上要生了。

高山匆匆忙忙地赶到医院时，许珊已经被推进了手术室，他站在手术门外焦急地等待，突然觉得自己很对不起妻子，他把脸深深地埋进手掌心。“谁是许珊的家属？病人情况危急！”护士的喊声打断了他的思绪，当得知妻子手术时大出血时，他一下子跪倒在医生面前，拉着医生的衣服，哭得像个孩子似的，求医生一定要救活妻子。最终妻子有惊无险。

做了父亲的高山断绝了与小柔的联系，一心一意地照顾妻子和孩子，见到妻子的脸上有了红晕，高山开心地笑了；望着儿子吃饱之后，甜甜地酣睡，高山觉得知足；妻子每一个细小的动作，都能让他感到爱的温暖。他第一次觉得自己是那样的幸福，后悔自己发现得太迟了。

高山感谢上天让他娶了这样一个温柔、体贴的好女人，他发誓一定要好好地爱她，弥补多年来对她的亏欠。以前从来没有认认真真地看过妻子，没有好好地和她聊一聊，没有拉着她的手和她一起散步，现在他决定要把失去的一起补回来。

岁月流逝，一晃20年过去了，高山与许珊两人已经是奔50的人了，许珊的脸上已经绽开了菊花纹，高山的鬓角已经发白，两人的感情却日久弥新。别人问他婚姻幸福的秘诀，高山咧着嘴，呵呵一笑说："幸福就是她脸上开心的笑容，就是晚上有人悄悄地为你掖被子；就是感冒的时候，有人为你端上一碗热气腾腾的姜汤茶。"

**不是婚姻不够美满幸福，而是我们缺少了一双善于发现的眼睛。**

幸福是什么？这是一个很难回答的问题，因为每个人对幸福的理解都不尽相同，每个人感知幸福的方式也是不同的。在这个处处充满诱惑的社会里，人们离幸福越来越远。不过，我们还能从白发苍苍的老人手牵着手，蹒跚地过马路的背影中，感知到一股遍布全身的温暖，那就是幸福的味道。

毫无疑问，婚姻关乎人一生的幸福，那么，如何才能使婚姻幸福美满呢？高山与许珊的故事告诉我们一个非常简单的道理：善于发现微小的幸福，婚姻就会很美满。然而，在这个快节奏、充满欲望的社会里，我们却忽视了欣赏身边的幸福，总以为幸福离自己很遥远，我们拼命地去追赶，却发现越是追赶，离幸福越遥远。

心理学中有一个"狄德罗效应"，是由18世纪法国有个哲学家叫丹尼斯·狄德罗发现。有一天，朋友送给狄德罗一件高级睡袍，狄德罗非常喜欢，但当他穿上之后，开始觉得家里的家具和装饰都显得粗陋庸俗，于是把旧的东西一件件更新，最终也不觉得开心，他发现“自己竟然被一条睡袍胁迫了”。

狄德罗效应是一种常见的“愈得愈不足效应”，在没有得到某种东西时，心理很平稳，而一旦得到了，却不满足。欲望是永远不能填满的黑洞，在婚姻中亦是如此，我们总要求对方做得更好，总是对对方有这样那样的不满，于是，我们越来越嫌弃对方，甚至产生了厌恶。

即使陪在身边的是一位仙女，相处久了，也会有看腻的一天。从结婚那天开始，就意味着你要与这个人朝夕相处一生，如何才能让我们时时觉得与这个人相处是幸福的、是快乐的呢？那就试着发现身边微小的幸福吧！疲劳时，爱人一句温暖的关怀是幸福；伤心流泪时，依靠在恋人宽阔肩膀上是幸福；生病时，爱人不辞辛苦的照顾是幸福……

幸福有时候只是很微小的细节，而一个个细节就是构成美满婚姻不可或缺的要素。心理学家说，人是一种靠希望和满足活下去的动物，一个知足常乐的人是最容易获得幸福的。

美国著名心理学家赛利格曼提出了一个幸福的公式：总幸福指数＝先天的遗传素质＋后天的环境＋你能主动控制的心理力量（$H=S+C+V$）。在取决幸福的三个要素中，我们可把握的要素是第三个——主动控制的心理力量。简单地说，这就是感知幸福的能力。幸福就像万花筒，改变一个方向，你会看到不一样的美丽。

刘瑜在《送你一颗子弹》中有这样一段话：幸福其实往往比我们所想象得简单很多，问题在于如果我们不把所有复杂的不幸都给探索经历一遍，不把所有该摔的跤都摔一遍，不把所有的山都给爬一遍，我们就没法相信其实山脚下的那块巴掌大的树荫下就有幸福。

每个人对生活、对工作、对婚姻都应该存有希望值，只要不奢望就好。从现在开始，善于发现身边微小的幸福吧。

# 女人天生是用来哄的

哪个女人不希望爱人把自己当成手心里的宝，可人到中年，婚姻也变成了鸡肋，老公越来越不懂人家的心，甜言蜜语越来越少，主动示好，向他撒娇，他张嘴来了一句孔夫子的话："唯女子与小人难养也。"难道你不知道女人天生是用来哄的吗？

在朋友的眼里，潘旭绝对是个好男人，不抽烟、不喝酒，不拈花惹草，不存私房钱；洗衣做饭，辅导孩子功课，样样行。就是这样一个看似完美的男人，妻子夏静却说丈夫就是个木头人，就知道闷头做事，不懂得浪漫，不懂得情调，就连说话都是翻来覆去那两句。

潘旭性格内向，不善言辞，他把爱夏静的心悄悄地埋在心底。当年恋爱的时候，他就是这样，明明喜欢人家，却不敢向人家表白。要不是他的好友樊刚偷偷地以潘旭的名义给夏静写了一封情书，潘旭和夏静也不会走到一起。

恋爱那会儿，夏静就嫌潘旭木讷，对这个恋爱的对象并不十分满意。不过，潘旭命好，出现的时机不错。因为在潘旭之前，夏静刚刚与一个热恋三年的男友分手，而前男友就是一个口蜜腹剑的人。所以，夏静的父母都劝她，找对象就应该找个踏踏实实的，能说会道、甜言蜜语的人反倒让人不踏实。听了父母的建议，夏静也就接纳了潘旭。

一晃两人结婚快 20 年了，潘旭确实像父母说的那样，踏踏实实地过日子，可是夏静就是觉得这日子过得跟白开水似的，没有什么味道。以前有儿子在，夫妻两人还能找到一些共同话题，谈谈儿子的学习、生活。自从儿子上了大学，这日子过得是一天不如一天。

一天，潘旭像往常一样，下班回到家，站在厨房门口问妻子："夏静，今天晚上我们吃什么饭？"夏静头也不抬一下，叹了一口气，从嘴巴里吐出两个字，"随便！"在一起生活了这么多年，潘旭当然知道妻子喜欢吃什么，每天做饭的时候，都是按照妻子的口味做，做完饭，把饭菜端到桌子上，拿碗筷，盛好饭，然后喊夏静吃饭。

一切准备就绪之后，潘旭闷头吃饭，坐在一旁的夏静，看着桌子上自己最喜欢吃的饭菜，却没有一点胃口，不动声色地看着吃得津津有味的潘旭。潘旭觉察到了妻子的目光，用筷子碰了碰妻子的手，"快吃饭！"夏静扒拉了两口饭菜，转身回了卧室，她以为自己的异常行为会引起丈夫的注意，丈夫会来嘘寒问暖，然而，潘旭吃完饭，收拾好碗筷，却径直去了书房看书。

憋了一肚子火的夏静朝着潘旭大嚷道："你就是个木头！我这辈子嫁给你，是最大的错误。"潘旭对妻子的无名火感到莫名其妙，一生气，就去找好友樊刚聊天。听完潘旭的事情之后，樊刚笑着说："你就是太实在，做得再多，也不如多哄哄女人。你就是说句甜言蜜语骗骗她，她也会高兴。""都老夫老妻的了，还哄什么呀？""这你就不懂了，女人天生是用来哄的，就是到了80岁，她们也喜欢听甜言蜜语。"

那天，潘旭回到家，走到妻子跟前，"老婆，心情好点了吗？要不，木头给你讲个笑话听怎么样？"夏静扑哧一声笑了。

**女人天生是用来哄的，不管是年轻还是年老，这是亘古不变、屡试不爽的真理。**

看完这个故事，可能很多男人都会为潘旭抱屈，或者愤愤不平：天下绝版好男人非潘旭莫属，家里家外一把好手，还有女人不知足，真是身在福中不知福啊！不错，潘旭绝对是个好男人，难道真是夏静太挑剔了，要求太高了？非也。

平时我们经常听到一些谈恋爱的女生说，"我对他一点感觉都没有。""我和他不来电。"这说明女人在与男人相处的过程中更注重感觉，这一特点在热恋时最明显。但婚后，女人依然需要这种感觉，比如她们经常会问："老公，你爱不爱我？"她们要的是被宠爱的感觉。女人敏感又脆弱，一句"我爱你"能安抚她们敏感的神经。

所以，女人天生是用来哄的，哪怕是到了80岁，老得牙齿都掉光了，她们还是喜欢被自己的爱人宠着、哄着。其实，女人是很容易哄的，说两句好听的话，突然的一个亲吻，一个小小的礼物，都会让女人心花怒放。

说到哄女人，很容易让人想到谎言、欺骗。其实，婚姻中偶尔说些善意的谎言，并无伤大雅，其本质是对矛盾的暂时回避。这样，一个无关痛痒的谎言能够化解一场夫妻大战，还是值得的。当然，聪明的女人是不会戳穿那些善意的谎言，而是用心去体会对方给予自己的这份体贴和关爱，当然，前提是这个谎言不会伤害到你。

那么，男人们，你们知道哪些话最能哄女人开心吗？下面让我们来看看印度心理学家总结出来的最能哄女人的话。

谎言一："不，你看上去不胖。"

妻子穿上一件新买的衣服时，她们非常渴望得到丈夫的肯定，女为悦己者容嘛，她会问："我穿这件衣服是不是好胖啊？"这时，最好的答案是："不，你看上去当然不胖。"

谎言二："你让我联想到电影明星。"

每个女人都希望别人把自己捧作明星，光彩夺目，特别是听到自己的爱人这样说，这会提高她们的自信。自信的女人是最美的。

谎言三："对不起。"

夫妻争吵时，男人一句"对不起"，是非常受用的。不过，此话只能偶尔为之。

谎言四："我不想别的女人。"

这句话，男人经常会对女人说，言外之意就是我的眼里只有你。不过，心理学家表示，在面对杂志上的美女时，男人时常想入非非。

谎言五："我喜欢和你父母在一起。"

爱屋及乌是最好的表达爱意的方式，男人常用这个伎俩来征服女人。

谎言六："这件事咱们以后再谈。"

夫妻争吵时，男人常用这句话来结束"战争"。其实，男人并不是真的想以后再谈，而是压根儿都没想过再提起。

台湾作家吴淡如说过这样一句话：女人是喜欢听好话、靠想象力维生的动物，她要靠男人不停的赞美来证明自己有多么迷人，她总是把自己幻想成童话王国里人人羡慕的公主，就像酸涩的梅子也会在糖的助兴下发酵，变成浓醇的梅子酒。而男人的甜言蜜语，无疑就是糖，就是酵母！

男人一定要记住这段话，它会让你受用一辈子，尤其是中年男人。

## 永远做一个优雅的女人

做一个优雅的女人吧，优雅的女人最美丽。美丽不等于漂亮，漂亮是属于年轻女孩儿的，而美丽则属于中年女人。美丽是内涵，是谈吐不俗，是气质高雅。优雅的女人淡如菊，清如泉，质如玉，每个男人都会为之心动。

曲歌走在路上，时不时地引来人们的目光。一个四十余岁的女人还如此吸引人的眼球，凭借的是怎样的魅力呢？身边的朋友们都充满好奇，问她原因，她淡淡地一笑，回答道：“永远做一个优雅的女人。”朋友们摇摇头，不解其中的奥秘。

曲歌是个女强人，在一家外企做市场总监，能力超群，工作一丝不苟，尽职尽责，工作之余与同事、下属谈笑风生，却不失雅致，深得领导青睐，同事爱戴。曲歌平时工作繁忙，加班加点是常事，通常男人娶了这样的老婆，大多会满腹牢骚，说老婆不顾家，不温柔，不懂体贴。总之，在女强人的脸上隐约可见“不适合做老婆”几个大字。

但曲歌的丈夫鲁坤则是把老婆从头到脚褒奖了一番，夸她识大体、顾大局；当面教子，背后劝夫；既有女人味，又不失端庄优雅。就连婆婆都说曲歌是个好儿媳，孝顺懂事，能娶这么好的媳妇，是老鲁家几辈子修来的福气。

别看曲歌现在是上得了厅堂下得了厨房，早些年的时候，她和丈夫大大小小不知发生过多少次战争。有一次两人都到了民政局门口，曲歌的手机响了，公司有急事，召她立马回公司，阴差阳错地挽救了他们的婚姻。

打过闹过之后，曲歌开始反思，而后，她总结出一套做幸福女人的方法，总结成一句话：永远做优雅的女人。工作之余，她把大部分时间留给了家庭，陪孩子一起做游戏，给孩子睡觉前讲故事；沏上一壶茶，陪丈夫品茶、聊天，回忆一下往日的幸福时光；还有，周末一家三口必到公婆家聚一聚，买点小礼物，帮着做些家务，让孩子陪老人玩一会儿，小恩小惠，哄得公婆笑得合不拢嘴。

渐渐地，曲歌发现丈夫越来越爱自己了，公婆见到她更加亲热了。最让她感动的是儿子的一句话："妈妈，你比以前更爱我了，我也更爱你了。"看来，曲歌走优雅路线已经初战告捷，但她并不满足，她认为一个优雅的女人，应该内外兼修，既要懂得男人的心，又要会讨男人欢心。于是，一向不化妆、不擦胭脂抹粉的曲歌开始学化妆。她还清楚地记得第一次化妆后丈夫惊喜的眼神，半开玩笑地说："老婆，我现在心里是越来越害怕喽。"

俗话说，人到中年，婚姻困惑多。曲歌更加注重外在的形象和内在的气质，去年大学同学聚会，竟然有好多人没有认出她，都说她风采不减当年，风韵十足。一个男同学开玩笑地说，"真后悔当年没追你，现在肠子都悔青了。我老婆从来都不修边幅，我早就审美疲劳了，痛苦啊！"曲歌莞尔一笑，举手投足之间，尽显女人的优雅之美。

**一个优雅的女人永远是男人的软肋。**

岁月流逝，溜走的不只是光阴，还有女人的美丽容颜。哪个女人不想成为一个被时光遗忘了的美人呢？可惜，岁月无情，皱纹已经悄悄地爬上了曾经美丽的容颜。容颜消逝，并不可怕，可怕的是不懂得真爱自己。

美丽不能永久，所以，女人不要希望用美丽留住男人的心，做一个优雅的女人吧，这样男人才会永远垂青于你。优雅的女人不是身着迷你、穿着长筒丝袜、踩着高跟鞋招摇过市的美女，却要从骨子里透出一种从容、娴静、淡雅的气质。

人到中年，婚姻也到了多事之秋，在这个躁动不安的时期，一个优雅的女人才能拴住男人那颗蠢蠢欲动的心。年轻貌美的女孩儿对中年男人来说只是一种暂时的诱惑，过眼云烟，只能让他短暂停留，一个优雅的女人才是他致命的死穴。

一个优雅的女人要内外兼修，内要了解男人的心，外要懂得修饰。我们先来说说内。美国著名心理学家默里认为夫妻关系和谐必须满足五大心理需要，这是一个优雅女人必须要了解的内容：

第一，尊重的需要。尊重你的丈夫，会让他感到欣慰和满足，在公众场合，任何训斥或轻视贬低男人的做法，都会深深地伤害到他。故事中的曲歌深谙其道，她奉行“当面教子，背后劝夫”的策略，深受丈夫欢迎。

第二，自主和表现的需要。每个人都希望在别人面前表现自己，希望能够得到别人的认可和肯定。在婚姻里，女人要懂得欣赏男人，当他取得成绩时，要肯定他的价值，即便你是个女强人，都不能抹杀丈夫的价值。

第三，交往的需要。人，没有社交就无法生存，不要以你是他的妻子为借口，就剥夺了丈夫与其他人交往的权利，不要担心你的丈夫会因为和别的女人交往，就会感情出轨。如果你足够自信，你是不会有这种担心的。

第四，兴趣和爱好的需要。夫妻是两个个体，两人之间肯定存在着很多差异。所以，你不可能满足对方所有的兴趣爱好，那么，尽可能满足他就是了，但只要懂得欣赏就好。

第五，宣泄的需要。生活中难免会遇到磕磕碰碰，人的心情也会此起彼伏，当爱人向你宣泄时，不要抱怨，不要嫌唠叨，侧耳倾听是对帮助爱人排解内心痛苦的最好方式。

懂得以上的心理知识，你已经成功了一半，下一步要做的是懂得修饰自己。一个常年不修边幅的女人是最令男人扫兴的。懂一点穿衣的常识，学一点化妆的技巧，是不会吃亏的。在重要的日子，化一点妆，会令你的丈夫眼前一亮，会让他回忆起你昔日的风采。女为悦己者容嘛！

另外，我们还可以从曲歌的成功经验中，学到一些经验，工作上做女强人，家庭中做好女人，照顾孩子，体贴丈夫，孝顺公婆。试想一下，这样一个优雅的女人，哪个男人会不爱呢？

女人要懂男人，更应该懂生活，生活不是一味地劳作、一味地为了生活而生活！

# 婚姻不是两个人的事

曾经天真地认为，只要两个人相爱，谁都拆散不了。一次，我与他的家人吵了架，渐渐地，我们两个人之间的感情也发生了变化。夹在他与家人之间，让我的心很痛，终于明白婚姻不是两个人的结合。

秦钊与古兰背对背坐着，房间里很安静，过了好久，秦钊叹了一口气，声音沙哑地说："我们离婚吧。"声音很轻，但在这个寂静的夜里，却是那样清晰。古兰的眼泪夺眶而出。

秦钊与古兰本来是一对恩爱夫妻，却因为古兰与秦钊家人关系紧张，导致夫妻感情破裂。事情还得从五年前说起，秦钊的弟弟秦军结婚时，秦钊的父母就从他们这里拿了五万块钱。当时秦军答应这笔钱算在自己头上，两年后归还。因为碍于面子，秦钊并没有让弟弟打借条。

一转眼，两年过去了，可秦军却对还钱的事情只字未提，古兰有些不高兴，催秦钊向弟弟要钱，可秦钊却一再推托说，再等等。一等又是两年，去年，古兰单位效益不好，下了岗，她想在商场租个摊位，卖点日用品，贴补家用。她知道秦钊拉不下面子，于是，就亲自给秦军打了电话。接电话的是秦军的妻子，一听是要他们还钱，她马上说，这钱是我结婚前借的，跟我没关系，要还，你找秦军好了。可秦军接过电话，却不承认这笔钱该他还，要她找公婆要。

古兰一气之下，找到公婆，把事情的来龙去脉说了一遍，还说了一些秦军的不是，令公婆很不高兴，婆婆拉着脸说："都是一家人，你何必这么计较，要还钱也行，你让秦钊过来。这钱是从他那里拿的，你来算是怎么回事儿？"

古兰转了一大圈，生了一肚子气，回家跟秦钊大吵了一架，秦钊得知妻子背着自己去找家人要钱，非常气恼，"谁让你自作主张去要钱了？活该！""我在外面受了气，回到家里，还要受你的气，你们老秦家就这样欺负人啊？"古兰哭着，跑回了娘家。

就在古兰不在家的一个星期里，公公因中风住进了医院，秦钊去银行里取了一万块钱交了住院费。古兰回到家里，得知丈夫又拿钱给公婆，非常生气，当着婆婆和小叔子的面，就吵了起来，“你们秦家就你一个儿子吧，凭什么孝敬父母的事情，都要我们来做?”

坐在一旁的婆婆说话了，“小兰，都是儿子，谁孝敬不一样啊。”古兰一听这话，气更是不打一处来，可还没等她说话，秦军开口了，“嫂子，你也太计较了吧？我哥是国家干部，多掏点钱，孝敬爹妈怎么了？再说了，你现在下岗了，还不是要靠我哥养你。”

眼看着一家人要吵作一团，秦钊赶紧过来拉妻子，气头上的古兰上来就是一巴掌。婆婆和小叔子见古兰打了人，急红了眼，对古兰又是推，又是打。秦钊边劝边拉妻子，总算是把打得火热的一家人拉开了。

自从这件事之后，古兰与公婆、小叔子一家断绝了来往，与丈夫也是三天一大吵，两天一小吵。备受煎熬的秦钊，无奈之下向妻子提出离婚。

**人的身份是多重的，他（她）是你的爱人，同时也是别人的儿子（女儿），你不能因为对方爱你，就有剥夺他（她）爱别人的权利。**

看完秦钊与古兰的故事，我想起以前在书上看到的一段话，说一对夫妻相守到老，要结三次婚：第一次是在大排场中，拥有亲朋好友的祝福，与自己所爱的人结婚；第二次是在家里，经历一段时间的磨合，与对方的习惯结婚；第三次是在家族里，与彼此的各类亲情结婚。

很多人认为婚姻是两个人的事，只要你爱我，我爱你，就足够了，其实不然，婚姻应该是两个家庭的事情，里面的关系错综复杂，哪个关系处理不好，都有可能影响到夫妻感情。这个故事就是个很好的佐证，古兰与秦钊原本是一对恩爱的夫妻，然而，婆媳矛盾、叔嫂矛盾却使两人分道扬镳。

在现实生活中，像故事中的一些生活琐事、磕磕碰碰，实在是多如牛毛，那么，如何才能使夫妻感情免予家庭矛盾的影响，日久弥新呢？最基本的原则就是彼此有信任与包容。当然，要做到这一点，还要掌握一定的方法与技巧。

第一，不要在外人的面前埋怨爱人。

美国的罗宾森教授曾说："人有时会很自然地改变自己的看法，但是如果有人当众说他错了，他会恼火，更加固执己见，甚至会全心全意地去维护自己的看法。不是那种看法本身多么珍贵，而是他的自尊心受到了威胁。"

一言以概之，在外人面前抱怨爱人，只会把事情越搞越糟糕。不妨选择两个人独处的环境，先以赞美的语言作为抱怨的开头，让对方降低对你的敌意，使对方更加认真地听你的叙述，更容易达到目的。显然，故事中的古兰犯了这一禁忌。

第二，别被坏情绪冲昏了头脑。

当你怒气冲冲地找到丈夫，诉说你对他家人的不满时，只会增加他对你的不满，根本无法解决问题，因为你也无法接受丈夫对你的家人指手画脚。即便你受了天大的委屈，一定要先让自己冷静下来，心平气和地说出自己的想法。

故事中的古兰如果能够理智一些，在婆婆、小叔子在场的情况下，把事情说清楚，而不是一上来就责备丈夫，抱怨婆婆，指责小叔子，情况不会这么糟。这样一闹，让占理的古兰反而没理了，丈夫也会觉得她是一个蛮不讲理的人。

第三，稳扎稳打，步步为营。

心理学里有一个“登门槛效应”，又称得寸进尺效应。心理学家认为，一般情况下，人们不愿接受较高较难的要求，因为它费时费力又难以成功；相反，人们却乐于接受较小的、较易完成的要求，在实现了较小的要求后，人们才慢慢地接受较大的要求，这就是“登门槛效应”对人的影响。

在这个故事中，如果古兰当着婆婆和小叔子的面说：“你们看，我刚刚下岗，家里经济也不宽裕，这次公公看病的钱，我们各拿一半，要是不够，我们再想办法。”这话听起来合情合理，而且小叔子觉得这总比自己也拿一万块钱要好，自然就会接受这个建议。

第四，就事论事，对事不对人。

听说丈夫拿了一万块钱给公公看病，古兰上来就说：你们秦家就你一个儿子吧，凭什么孝敬父母的事情，都要我们来做？显然这是针对秦军的，这样就不是解决问题，而是有针对性的吵架了。

另外，古兰生气也与秦军先前借钱有关，但眼下是在讨论公公住院费的事情，不能混为一谈，应该就事论事，否则，不仅事情解决不了，还会使问题越弄越复杂。切记，抱怨的目的是解决问题，而非与别人树敌。

家家有本难念的经，生活离不开油盐酱醋茶，只有夫妻携手向前，婚姻和家庭才有一片天。

# 给男人留一个红颜知己

看到自己的老公与另外一个女人有说有笑，你心中是否会萌生一股不祥之感？走在街边，透过玻璃窗，看到老公与另外一个女人在喝咖啡，你是否会断然认为他们是情人关系？那么，你是否想过她是他的红颜知己呢？

朋友们都说郭美玲是个傻女人，因为天底下没有哪个女人能够容忍自己的丈夫与另外一个女人的关系不清不楚。朋友们都劝她要看紧老公，人到中年，男人很容易走错路。面对朋友们的好言相劝，郭美玲一笑而过，并没有放在心上。

三年前，周翔在单位体检中发现脑中有一块阴影，医生怀疑是脑瘤，建议他到大医院做进一步检查。听到这个消息，周翔一下子就瘫坐在椅子上。一段时间以来，周翔总是感到头痛、头晕，正好与检查结果相互印证。想到正在上高中的儿子，年迈的父母，还有妻子，周翔感觉天都塌了下来。

为了不让家人担心，周翔默默地承受着心里的压力，时常一个人蹲在角落里一根接一根地抽烟，来排解心中的压力。周翔的同事小莫是个善解人意的女人，两人又在同一个办公室办公，听说周翔的事情之后，经常安慰他，陪他聊天，并通过关系找了知名专家为他做检查。在等待检查结果的过程中，小莫尽量抽出时间陪在周翔的身边。

虽然周翔极力掩饰着焦虑、不安、恐惧，但妻子郭美玲还是从丈夫遮遮掩掩的表现中觉察到一丝异样。每次妻子询问，周翔都故作轻松地说，“没事儿，只是最近工作比较累。”郭美玲半信半疑。

一天，郭美玲的好友小聪去医院看病，巧遇了周翔和小莫，上去打招呼时，周翔很诧异，表情十分不自然，小聪盯着小莫看了好久，再联想到周翔的表情，她认为两人的关系肯定不一般。于是，打电话告诉了郭美玲。难道丈夫真的有了外遇，联想到丈夫最近一段时间来的异常表现，郭美玲的心往下一沉。

周翔回家后，面对妻子的质问，犹豫再三，还是没有把实情说出来，他对妻子说：“美玲，相信我，我没有外遇，给我一周的时间，到时候你会知道一切。”一周后，周翔的检查结果出来了，原来是虚惊一场。从医院出来，周翔请小莫陪他一起回家，当着郭美玲的面，周翔说出了实情。没等丈夫说完，郭美玲早已哭得泣不成声，拉着小莫的手说，再三感谢。

这件事以后，周翔与小莫的友谊更加深厚了，每当生活上或者工作上，遇到不顺心的事情，又不便向家人诉说的，两人就互相倾诉，互相安慰；偶尔也会一起喝喝茶、吃吃饭。两人都把对方称为知己。

当然，这一切郭美玲都是知道的，每次丈夫与小莫出去时，都会打电话告诉妻子，郭美玲笑着说：“你还怕我不允许吗？”周翔则开玩笑地说：“我怕你误会，吃我的醋。”郭美玲的通情达理，让周翔十分感激，他发誓一定要好好疼爱妻子、珍惜妻子。

**每个人骨子里都想拥有一个能够走进自己心里的人，这个人不一定是爱人，而是一个值得信赖、懂得倾听的朋友，无关男女。**

故事中的主人公郭美玲得知丈夫有红颜知己之后，不仅没有制止，而是支持丈夫去交往。恐怕很多女人都会觉得郭美玲的做法不可思议，严重点说，简直是疯了，这不是把自己的丈夫往别的女人身边推吗？事实却是，郭美玲得到了丈夫更多的爱。

世界上只有两种人，男人和女人，那么，你的丈夫不是跟女人交往，就是跟男人交往。你不可能保证你的丈夫不接触任何一个女人吧？堵不是办法，反而会激起丈夫的“谋反”之心，因此，不妨顺其自然。

受“男人与女人没有纯洁友谊”的思想影响，多数女人会觉得男人与女人说心里话，是非常危险的，她们认为知心话就应该和自己的妻子说，不能为外人道也。当然，这种担心不是没有一点道理，可事实是，很多男人都想拥有一个红颜知己。

红颜知己与妻子是两个不同的概念，安妮宝贝说，“什么是妻子？就是你愿意把积蓄交给她保管的女人。什么是红颜知己？就是你能把有些秘密说给她听却不能说给妻子听的女人。”那么，男人为什么拥有妻子还不够，还要拥有一个红颜知己呢？是贪心不够？

不可否认，妻子是丈夫最亲、最爱、最值得信任的人，可越是这样，有时越不敢与之交流。有句古诗曰：近乡情更怯，不敢问来人。大概与这感觉相近吧。在家庭中，男人往往起着支柱的作用，为家人遮风挡雨，但他们也会累，也会很脆弱，但又不想告诉妻子，怕她们为自己担心。所以，男人很想找一个人倾诉，使负面情绪得以宣泄，而且还能从中得到有益的建议。

故事中的周翔与小莫友谊的发展，始于周翔的疾病，他担心妻子知道后，会给她造成心理压力，而告诉小莫则不同，小莫是自己的朋友，可以毫无顾忌地将心里的担心、压力告诉她，还能从中得到安慰，这是妻子所不能给予的。所以，女人不要见到男人跟异性交往，就以男人花心论处，格杀勿论。

正常的红颜知己应该是一种纯洁的异性情感，可以与自己的年龄相仿，也可以有一定的差距，称之为“忘年交”。红颜知己是内心彷徨的倾听者，是内心困惑的解惑者，是压力的分担者，总之，与爱情、性无关，完全是精神层面的交流。

男人有幸结识一位红颜知己，是件很难得的事情，多会将她隐藏在心底最深处，因为害怕妻子起疑心，被当成花心的把柄。可越是遮遮掩掩，反倒令人生疑，还不如大大方方地摆到台面上，和妻子坦白，交代清楚，反而让妻子放心。

当然，男人也应该自觉，在与红颜知己交往的过程中，应该谨记“君子之交淡如水”，不要与红颜知己联系太频繁，选择恰当的时间和地点见面；如果能把行踪如实地告诉妻子，自然是最好。

爱情是一个磁场，如果你有足够的魅力，一个红颜知己算不得什么！

## 重燃爱的激情

老年人的婚姻应该是什么样子？互相搀扶，互相关爱，互相照顾。这是很多人印象中老年夫妻的样子。就连老年人自己也认为，人上了岁数，就不应该像年轻人一样卿卿我我，你情我浓。其实不然，爱情不分年龄，老年人同样应该燃起爱的激情。

麦女士与焦先生是一对性格迥异的夫妻，麦女士以前在市文工团工作，退休后在社区的老年活动中心担任舞蹈队长，时不时地也会去幼儿园教小朋友们唱唱歌。她性格开朗，为人友善，追求时尚，又喜欢与小孩子在一起，所以，她拥有一颗年轻人的心。而焦先生是一位中学老师，性格内向，不善言辞，退休后，大部分时间都闷在家里看书，很少出去，因为性格上的反差，两人没少闹矛盾，打打闹闹一辈子了，现在老了，也不再像年轻那样，为一句话不合吵得面红耳赤，日子过得也算平静。唯一让麦女士不满意的就是性生活方面，经常是几个月都没有一次。麦女士虽然是个比较开放的人，但这种事情还是很难说出口。

一天晚上，老两口都躺下了，麦女士撒娇地躺在了丈夫的怀里，想用这种方式，唤起丈夫对她的爱，没想到，一盆冷水将她从头浇到脚，浇得她透心凉，而且还带着几分羞辱。原来，焦先生看到妻子的样子之后，绷着个脸，严肃地说："都多大岁数了，你不嫌害臊，我还嫌害臊呢。"这句话说得麦女士是又气又羞，"岁数大怎么了，岁数大就不是你老婆了？就不能享受爱情了？"焦先生不紧不慢地说："都这把老骨头了，一滴精十滴血，不要命了啊！"

焦先生说完，背对着老婆呼呼大睡。麦女士心里很不是个滋味，躺在床上辗转反侧，睡不着。麦女士是个很注重婚姻质量的人，她觉得人无论到了多大岁数，都有权利享受爱情，爱情不应该只是年轻人的专利。可自己明白这个道理没有用啊，丈夫不理解呀！想来想去，麦女士想出了一个办法。

第二天早晨，麦女士就拉着丈夫去医院，焦先生不明白怎么回事儿，就赶紧问："好好的，去医院干什么呀？""带你去看心理医生，你心理不健康。"听老婆这么一说，焦先生也明白了老婆的用意，死活不去，"多丢人啊，这种事情怎么能摆上台面？我不去，要去你去。"看丈夫如此执拗，麦女士只要作罢，但她并没有甘心。

一天，麦女士拿了一本《老年婚姻指南》丢给了丈夫，"好好看看吧，把你心里那些污秽的东西赶紧去掉，否则愧对老师的称号。"焦先生拿起书，认真读起来，读完之后，长长地舒了一口气，埋在心底的困惑终于解决了。

原来，焦先生抵触过夫妻生活，是受传统思想的影响，觉得这么大岁数了，还有性生活就不正常，是老不正经。再说了，自己也老了，担心自己的表现会令老婆不满意，伤自尊。看了这本书，心里一下子敞亮多了。

**性，贯穿人的一生，直到生命的终结，年纪不应该成为性的阻碍。**

“少年夫妻老来伴”，在中国人的传统观念中，老年夫妻的生活就应该是相互搀扶，相互照顾，说说话，做个伴儿，这就是幸福的婚姻。很显然，故事中的焦先生就是柏拉图式爱情的典型代表。不过，美国波士顿一项最新调查显示，规律的性生活是婚姻幸福的最有效的方式之一。

在对65岁以上的老年人调查后发现，如果老年伴侣依然保持规律的性生活，他们会更加幸福。调查显示，每个月做爱一次以上的老年人群中，近80%称他们的生活“非常幸福”。而在过去一年中从未做爱的老年人群中，仅有59%表示自己生活幸福。

老年期是指从60岁或65岁起到生命结束为止的时期。这段时期，生理和心理会出现明显的老化和衰退的迹象，也包括性生理与性心理的变化。可能多数人都和故事中的焦先生有同样的认识：老年人是不应该有性生活的，因为性能力已经丧失。

其实不然，科学研究发现，健康的老年人普遍存在性欲，并能进行性生活，甚至还能繁衍后代。所以，老年人的婚姻里不能缺失性生活。既然如此，为什么老年人羞于谈性，羞于过性生活呢？

第一，受传统观念、封建思想的影响。

传统观念和封建意识认为“无欲则长寿”、“一滴精十滴血”，并且社会舆论也认为老年人过性生活是“不正经的”，甚至是下流的。这些错误的观念给老年人的心理造成了巨大的压力，使老年人从心里抵触性生活。

第二，心里负担过重。

上了岁数，体力大不如从前，对自己性能力的担心和忧虑明显。尤其是男性，担心爱人会不满意，担心性生活不能顺利完成。另外，年纪大了，特别是退休之后，感觉自己老了，不中用了，对性生活的兴趣会自发性减退。

所以，老年人只有摒弃封建思想的影响，放下心里的包袱，才能重燃爱的激情。同时，也应当认识到，有性的要求和性行为是正常的生理、心理需求，性生活是人的权利，也是人的自然本性。

特别提醒老年夫妻，进行性生活时，出现偶尔不满意的情况，不必耿耿于怀，这并不一定是衰老的表现。要知道即使是年轻夫妇，也会出现偶尔性生活不满意的情况，坦然面对，积极寻找原因和解决办法，才能进一步提高性生活质量。千万不要误以为一次失败就是“老了，不中用了”。

如果老年夫妻性生活不和谐，或一方有性功能障碍，千万不能抱怨或鄙视，这只会加重对方心理负担，而应该给予更多的理解与关怀，鼓励爱人积极治疗。如果是心理因素引起的障碍，爱就是最好的灵丹妙药。

老年人同样拥有追求爱情的权利，爱情是婚姻的基础，而完美、和谐性生活则是塑造美满婚姻不可或缺的条件。

# 婚姻是一场没有完结的革命

“少年夫妻老来伴”，在中国人传统的观念中，老年婚姻的实质就是找个伴儿而已。其实不然，最美不过夕阳红，老年人的婚姻应该像歌词中唱的那样：我能想到最浪漫的事，就是和你一起慢慢变老。

郝先生因身体不好，今年年初办理了内退，妻子王女士早在两年前退休，退休之后，老两口在一起的日子多了，反而争吵多了，不管大事小事都要吵，似乎不吵就不能解决问题。王女士很是无奈，难道退休的生活就要在这样的争吵之中度过吗？几番思量之后，王女士决定离婚。

当王女士把这个想法告诉儿女们之后，儿女们哭笑不得，劝她说：“你们都奔60的人了，怎么还和小孩子似的，吵吵闹闹，都结婚三十多年了，说离就离了。”儿女们不同意，丈夫郝先生更是觉着妻子提出离婚，荒谬之极，略带讽刺地说：“你以为你还18岁，还是黄花闺女有人抢啊?！你都快60岁了，还离婚，不嫌丢人。”

丈夫的讽刺挖苦让王女士怒火中烧，不甘示弱地回敬道：“60岁怎么了？最美不过夕阳红。抗日战争才八年，我和你都打了多少个八年了，我们注定是一场没有完结的革命。所以我要结束这场革命，为我晚年的生活好好规划。”王女士的话音未落，儿女们都忍不住笑成一团，这让郝先生面子上挂不住了，丢下一句话，“反正我不离，我要继续斗争。”说完，摔门而去。

见此情况，儿女们都意识到了问题的严重性，看来老爸老妈这次不是闹着玩，是来真格的了。正在大家面面相觑，不知如何是好的时候，邻居刘大妈来家里串门，听说老两口的事情之后，呵呵一笑，“你们俩没啥大矛盾，我看就是整天闷在家里闲的。退休了，心可不能老。这样吧，你们两口子加入我们老年舞蹈队怎么样?”

王女士的头摇得跟拨浪鼓似的，“不行，我一辈子都没跳过舞，这么大年纪了，跳不了，难看死了。”儿子在一旁劝道：“妈，您怕啥，您连和我爸离婚都不怕，您还害怕跳舞啊?”女儿也赶紧趁热打铁，“妈，您不会是没有自信吧？要说你当年可是……”“谁说我没自信，我非要当上舞蹈队长，给你们看看不行。”房间里传出来阵阵笑声。

从那以后，王女士天天忙着学跳舞，在家的时间少了，和丈夫争吵的机会也就少了。郝先生一个人在家闷着，看什么都不顺眼，想发火，又找不到对象，就偷偷地跑到老年舞蹈队去看妻子跳舞，越看越眼馋，尤其是看到妻子和男舞伴一起手拉手跳舞，心里还真不是滋味。可郝先生是个倔老头，没有台阶下，他自己不好意思张口。

王女士自然明白丈夫的心事，一天吃过饭后，就对丈夫说：“老郝，你和我一起去学跳舞吧。我和男舞伴跳总是配合不好，我的脚都被他们踩痛了。”郝先生一听，顿时心花怒放，“好好好，要说这跳舞还得是老夫老妻好。”自从郝先生学习跳舞之后，儿女们发现，老爸老妈又好得跟一个人似的了。

**退休，不是美好生活的终结，而是新生活的开始，美好的婚姻还是要好好经营。**

在现实生活中，王女士与郝先生的情况具有一定的普遍性。统计资料显示，结婚 25 年以上的夫妻，是离婚率快速增长的族群。所以，老年夫妻的婚姻生活是非常值得关注的。

退休后，老两口无所事事，心生烦躁，自然是你看我不顺眼，我看你不顺眼，吵架也就在所难免。人们常说，老小孩儿，小小孩儿。人上了年纪，性格会像小孩儿一样，爱耍点儿小脾气。尤其是在退休之后，一向忙碌的日子一旦清闲下来，心里就没着没落的，像是失去了重心，不知道该干什么，很容易烦躁、发脾气。再加上以前夫妻之间各忙各的，在一起相处的时间相对较少，沟通不够，对对方的性格和脾气不甚了解，退休后，时间宽裕了，在一起的时间一长，彼此的缺点、毛病暴露无遗，发生争吵也是正常的。

退休，不仅意味着工作的结束，也意味着家庭生活的回归，由原来的工作身份转变为家庭中的成员。角色的转变需要一个过渡与适应的过程，成功实现这一华丽的转身，最重要的一点就是在家庭生活中重新找到一个支点。在这个故事中，王女士与郝先生和好如初的支点就是学习舞蹈。生活有了新的支点，有了新的目标，生活变得丰富了，争吵自然就少了。

丰富生活内容，提高生活情趣是增进夫妻感情，减少矛盾的主要途径。除此之外，还应该注重提高婚姻质量，就如故事中的主人公所说，婚姻是一场没有完结的革命。在婚姻存续期间，人们就应该好好经营它。老年夫妻在这方面，可以注意以下几点：

第一，降低期望值。

老夫老妻生活在一起几十年了，彼此的习惯或毛病，早已经形成，不可能在一朝一夕之间改掉。与其因为这些无伤大雅的小事情争吵，不如顺其自然，由他去。降低自己的期望值，既尊重了对方，又使自己得到了解脱，还减少了不必要的争吵，是三全其美的好事。

第二，多沟通，少较劲儿。

有些人总是觉得，我和你生活在一起这么多年了，你应该知道我的脾气。这种玩“猜猜猜”的游戏，只会令夫妻之间的隔阂越来越大，矛盾越积越多。说出自己真实的想法、感受，让对方了解，才不会再一次地击中你的爆发点。夫妻之间多一些沟通，少一些较劲，生活就会很融洽。

第三，爱，就帮她做好家务活。

家务活是表达爱的最好方式。以前工作的时候，身不由己，如今生活闲下来了，和妻子一起分担家务，仔细体会一下多年来妻子是如何辛苦地为这个家操持的，对妻子的感激之情就会油然而生。

总之，婚姻是一场没有完结的革命，生命不息，奋斗不止。

# 心理测试：测测你的婚姻质量

此测试共 21 道题，认真阅读后，请牢记与自己情况相符合的项目。这 21 道测试题分别是：

1. 能说出配偶至交好友的名字。
2. 了解配偶目前正面临何种压力。
3. 能知晓近来一直惹怒配偶的一些人的名字。
4. 能说出配偶的某些人生梦想。
5. 能了解配偶基本的人生哲学。
6. 能列举出配偶最不欣赏的那些亲戚的名单。
7. 你感到配偶对你了如指掌。
8. 分居两地时，你会经常思念配偶。
9. 你时常会动情地爱抚或亲吻配偶。
10. 配偶由衷地尊重你。
11. 婚姻中充满了热烈和激情。
12. 浪漫仍绝对是婚姻生活的一项内容。
13. 配偶欣赏你所做的事情。
14. 配偶基本上喜欢你的个性。
15. 大多数情况下性生活令双方满意。
16. 每天下班时配偶乐于见到你。
17. 配偶是你最要好的朋友之一。

18. 热衷彼此倾心交谈。

19. 讨论问题时双方均会作出许多取舍（两人均有影响力）。

20. 即使彼此意见相左，配偶也能尊重地倾听你的观点。

21. 彼此的基本价值观和目标大致契合。

测试结果：若你的情况与其中12道以上相符，那表明你的婚姻极其牢固。若与你相符的少于12道，表明你的婚姻有待于改善，你不妨从加强交流和沟通等基本方面入手，逐步提高你的婚姻质量。

注：此测试题由华盛顿大学心理学教授约翰·高特曼设计。